Pandemia, Crise Econômica e Lei de Insolvência

Pandemia, Crise Econômica e Lei de Insolvência

2023 • Reimpressão da edição de 2020

João Pedro Scalzilli
Luis Felipe Spinelli
Rodrigo Tellechea

ALMEDINA

PANDEMIA, CRISE ECONÔMICA E LEI DE INSOLVÊNCIA
REIMPRESSÃO DA EDIÇÃO DE 2020

AUTORES: João Pedro Scalzilli, Luis Felipe Spinelli e Rodrigo Tellechea

DIRETOR ALMEDINA BRASIL: Rodrigo Mentz
EDITORA JURÍDICA: Manuella Santos de Castro
EDITOR DE DESENVOLVIMENTO: Aurélio Cesar Nogueira
ASSISTENTES EDITORIAIS: Larissa Nogueira e Rafael Fulanetti
ESTAGIÁRIA DE PRODUÇÃO: Laura Roberti

DIAGRAMAÇÃO: Almedina
DESIGN DE CAPA: FBA

ISBN: 9786556277868
Março, 2023

Dados Internacionais de Catalogação na Publicação (CIP)
(Câmara Brasileira do Livro, SP, Brasil)

Scalzilli, João Pedro
Pandemia, crise econômica e lei de insolvência / João Pedro Scalzilli, Luis Felipe Spinelli, Rodrigo Tellechea. -- 2. ed. -- São Paulo : Almedina, 2023.

Reimpressão da edição de 2020.
Bibliografia.
ISBN 978-65-5627-786-8

1. Crise econômica 2. COVID-19 - Pandemia - Aspectos jurídicos 3. Direito econômico – Leis e legislação - Brasil 4. Insolvência civil 5. Recuperação extrajudicial (Direito) – Leis e legislação - Brasil 6. Responsabilidade fiscal - Leis e legislação - Brasil I. Spinelli, Luis
Felipe. II. Tellechea, Rodrigo. III. Título.

23-142136 CDD-330.981

Índices para catálogo sistemático:

1. Crise economica 330.981

Aline Graziele Benitez – Bibliotecária – CRB-1/3129

Este livro segue as regras do novo Acordo Ortográfico da Língua Portuguesa (1990).

EDITORA: Almedina Brasil
Rua José Maria Lisboa, 860, Conj.131 e 132, Jardim Paulista | 01423-001 São Paulo | Brasil
www.almedina.com.br

“How did you go bankrupt?”
Bill asked.
“Two ways,” Mike said.
“Gradually, then suddenly.”

Ernest Hemingway, *The Sun Also Rises.*

AGRADECIMENTOS

A excepcionalidade do momento, as incertezas sobre o desenrolar da crise sanitária e de seus efeitos na economia, o manancial de informações vindas de fontes diversas e a ausência de uma jurisprudência de segundo grau consolidada fizeram dessa empreitada particularmente difícil. Em razão disso, este livro não seria possível não fossem as inestimáveis contribuições de amigos e queridos colegas de profissão. Durante a sua elaboração, recebemos farto material de pesquisa e jurisprudência cedido diretamente pelos profissionais que atuam na linha de frente do direito concursal. Foram endereçadas críticas e sugestões ao texto. Debates enriquecedores foram travados. Tudo isso se encontra, de uma forma ou de outra, incorporado ao texto.

Assim, às seis mãos que originalmente conceberam o presente livro, somam-se outras tantas, nominalmente: Aquiles Maciel, André Estevez, Bruno Queiroz, Carlos Souto, Claudete Figueiredo, Daniel Mitidiero, Darwin Otto de Lima, Erika Donin, Francisco Satiro, Fernando Bammann, Fernando Pellenz, Fernando Scalzilli, Gabriel Garibotti, Giácomo Paro, Gilberto Deon Corrêa, Giovana Farenzena, Guilherme Caprara, Guilherme Nozari, João Glicério, João Medeiros, José Paulo Japur, Joice Ruiz Bernier, Juan Vazques, Lara Pizzatto, Laura Frantz, Laurence Medeiros, Luis Guarda, Lucas Griebeler, Luciana Celidônio, Luiz Eduardo Abarno da Costa, Luiz Fernando Paiva, Marcelo Baggio, Márcio Guimarães, Marcos Haaland, Marcus Borel, Marcelo Sacramone, Ney Wiedemann Neto, Thiago Diamante, Rafael Brizola, Ricardo Knoepfelmacher, Roberto Martins e Washington Pimentel, cujas contribuições foram inestimáveis.

Pela revisão dos originais, esforço de pesquisa e incentivo incondicional, é preciso registrar um especial agradecimento aos colegas Gabriela Mânica e João Carlos Scalzilli. Finalmente, à Daniela Fabro, revisora, pesquisadora e acadêmica nata, cuja dedicação incansável tornou esse projeto possível em tempo recorde.

NOTA DOS AUTORES

O presente material surgiu como uma espécie de registro das iniciativas legislativas, administrativas e do esforço da jurisprudência em matéria concursal relacionados à pandemia do novo coronavírus. Uma tentativa de organização e compilação de medidas, materiais e informações variadas, úteis ao nosso trabalho profissional.

Verdade é que nossa inclinação pela investigação acadêmica, bem como a singularidade da crise atual, aguçam nosso desejo por acompanhar e compreender cada vez mais os reflexos desta no sistema de insolvência das empresas. Assim, a pesquisa ganhou corpo.

Se o assombro é princípio basilar da filosofia, o desejo por conhecimento e a paixão pelo saber (*libido sciendi*) foram a mola propulsora que deu impulso ao presente estudo — na verdade, de todos os projetos acadêmicos que empreendemos.

Não ambicionamos construir dogmas, abstrações ou teorias. Decidimos, apenas, ir o mais fundo possível no exame das múltiplas questões da crise atual, particularmente dos reflexos desta no sistema de insolvência, deparando-nos com a estranheza de frente, deixando-nos impregnar e encantar por ela, para devolvê-la à vida — na forma de livro — ainda mais instigante e desafiadora.

Diante desse cenário de incertezas, uma coisa é certa: não escrevemos para ensinar, mas para aprender.

A abordagem histórica sempre nos pareceu indispensável à compreensão do direito comercial. Mais do que nunca, afigura-se essencial para compreender o mundo em que vivemos. Sem referência histórica, não se tem norte, dado que "não se pode conhecer o presente, sem se conhecer o passado, não se pode conhecer o que é, sem se conhecer o que foi"[1].

Essa é a razão das tantas tentativas de abordagem histórica empreendidas na presente pesquisa, em especial os registros sobre a história das epidemias e das crises econômicas. Verdade seja dita, mais do que uma necessidade, a História é verdadeira paixão — no caso, arrebatamento compartilhado fraternalmente pelos autores deste ensaio, um autêntico fascínio por descortinar as origens dos temas sobre as quais nos debruçamos.

O estudo da História é tão vital para nós que, de alguma maneira, tentamos fazer dele um retrato de todo nosso trabalho — não só deste, mas de todos os outros que já elaboramos. Nesse esforço, e também no que diz respeito ao estudo empreendido nas próximas páginas, não almejamos a perfeição ou mesmo produzir material acabado e inconteste.

Veja-se, por exemplo, que em 21 de maio último, a Câmara dos Deputados aprovou o substitutivo do PL 1397 (que aglutina, também, os PLs 1781, 2067 e 2070). Ao que tudo indica, esse projeto de lei tem maiores chances de êxito no *iter* do processo legislativo. Embora os Capítulos, 2, 3 e 4 deste estudo estejam ancorados em alguns dos dispositivos do substitutivo do PL 1397, não há exame analítico, muito menos crítica aprofundada/exaustiva das suas proposições, visto que não se sabe se será aprovado[2].

Nesse contexto, é justo questionar se não é prematuro publicar algo sobre a crise atual. A pergunta é pertinente e a resposta só pode ser *depende.*

Por um lado, levando em consideração o fato de que as crises sanitária e econômica ainda estão se desenrolando, somos obrigados a reconhecer que sim. Por outro, todos já adentramos o campo do desconhecido. Essa geração, incluindo a de nossos pais e avós, não viveu uma pandemia como a gerada pelo novo coronavírus e uma depressão econômica como a que se avizinha. Agentes públicos precisam tomar decisões

[1] Pontes de Miranda, Francisco Cavalcanti. *Tratado de direito privado*, v. I. 4 ed. São Paulo: Revista dos Tribunais, 1983, p. XV.

[2] Quando — e se — houver aprovação legislativa definitiva, com sanção presidencial, os autores se reservam o direito de realizar oportunamente suas críticas e sugestões ao futuro texto de lei que pretende ajustar, emergencial e temporariamente, a Lei 11.101/05 aos desafios da pandemia da Covid-19.

com os dados que possuem. O legislador projeta sem a certeza dos efeitos da crise atual. Magistrados julgam com a lei vigente problemas não previstos por ela.

A partir dessa perspectiva, o presente ensaio busca compartilhar nossas indagações, receios e impressões acerca dos reflexos da pandemia no direito da crise empresarial. A presente pesquisa é meio, não um fim em si. Oxalá ela possa fornecer alguns elementos que ajudem nos estudos daqueles que daqui para frente se debruçarão sobre a matéria. Se isso acontecer, o objetivo terá sido atingido. Essa é a oferta.

Evidente que o trabalho apresenta imperfeições, mesmo porque, se é bem verdade que um livro está mais para "uma corda que se corta do que para um nó que se desata", essa produção é um exemplo perfeito da metáfora. Por isso, não se espera nada além de que se aceite a presente pesquisa como "um campo aberto e espaçoso"[3].

E a paixão pela história e pelo direito recuperatório e falimentar acabou por se amalgamar mais uma vez com outra flama, uma que exerce sobre nós irresistível atração: a escrita. Já foi dito que escrever é a arte do risco: ou o escritor coloca tudo em jogo, ou não merece esse nome. Nosso risco aqui foi assumir uma empreitada que nos consumiu uma quantidade incontável de tempo, escrevendo direto do *front*, em meio ao fogo cruzado decorrente de uma situação incerta e cambiante, pelo simples gosto de pesquisar, de conhecer, de tentar entender e, sobretudo, de compartilhar.

Para Vinicius de Moraes, o escritor escreve porque sente; escreve porque precisa desesperadamente fazê-lo. Esse ensaio representa o risco puro e simples de nos dedicarmos, de corpo e alma, a um projeto única e exclusivamente pelo sentimento de que precisávamos fazer, porque queríamos fazer e porque nos realizamos ao fazer. Pensando bem, parece que todos, ao fim e ao cabo, deveriam ter o direito inalienável de não se afastar das coisas do coração. Ao escrever o presente ensaio, fomos guiados mais uma vez por esse sentimento.

[3] Araújo, Jéronimo da S. de. *O perfeito advogado (Perfectus advocatus)*. Sem editora. Trad. de Miguel Pinto de Meneses sobre um dos raros exemplares da edição única de 1743 da obra "Perfectus advocatus", existente na Faculdade de Direito de Coimbra.

PREFÁCIO

Escrevo este texto em 24 de maio, um frio e simbolicamente sombrio dia de outono, quando a Organização Mundial de Saúde (OMS) contabiliza quase 5,5 milhões de casos de contaminação pela COVID-19 no mundo, e pouco mais de 345.000 mortes. Amanhã, segunda feira, em São Paulo, será feriado estadual antecipado de 9 de julho. Assim como foram antecipados feriados municipais para quarta, quinta a sexta-feira passadas (estamos em maio, mas já ocorreram os feriados de "Corpus Christi" e do "dia da consciência negra"). Governos municipais e estaduais remanejam os feriados no intuito de diminuir a circulação de pessoas e conter a escalada de contaminação, temendo um colapso do sistema de saúde. Neste momento, na grande maioria dos Estados da Federação, acumulam-se mais de 60 dias de medidas de isolamento: proibiu-se a abertura do comércio e o expediente de indústrias e prestadores de serviços. Alguns Estados implementaram medidas mais radicais (*lockdown*), proibindo a circulação da população em geral.

Por isso, mesmo se o coronavírus simplesmente deixasse de existir amanhã — no dia 25 de maio em que inusitadamente se comemora o feriado de 9 de julho — continuaria a fazer vítimas pelo mundo: não dos problemas respiratórios que caracterizam sua incidência, mas dos efeitos da retração econômica que impôs, e que já representa uma crise mundial de proporções históricas.

A pandemia afetou cadeias produtivas, destruiu modelos de negócios, fechou fronteiras, frustrou expectativas e inviabilizou investimentos. Postos de trabalho foram fechados, consumidores perderam o poder de compra e muitos deles dependerão de ações assistenciais para sobreviver. Os Estados serão chamados a oferecer-lhes o básico, mesmo diante de uma inevitável diminuição da arrecadação com impostos.

Nem o mais pessimista dos homens imaginaria, no réveillon de 2019, que em poucos meses presenciaria uma mudança tão extrema nas relações humanas e no cenário econômico.

Sob o ponto de vista da solvabilidade das empresas, a realidade pós-COVID-19 impõe enormes desafios em duas frentes: como lidar com o caos emergencial; e como ajustar as instituições para a retomada da produção.

Assim como na maioria dos países, também no Brasil os problemas aportaram primeiro no Judiciário. O ineditismo da situação trouxe consigo decisões diversas para casos semelhantes, o que é natural, em vista da ausência de orientação clara ou referencial normativo específico para tratamento dos novos problemas das empresas em crise pós-COVID-19. Mas, principalmente pela enorme insegurança jurídica que gera, é de todo indesejável que a resposta às questões urgentes decorrentes da crise pós COVID-19 seja construída caso a caso, no tempo do Judiciário — que não é o tempo dos mercados — e sem o suporte de referências específicas de política econômica. No momento, entretanto, o embate com viés eleitoral entre Presidência e Governadores, reforça no Brasil o falso dilema de que se deve escolher entre "salvar vidas ou salvar a economia". O resultado são discursos extremados, que evitam o endereçamento de medidas necessárias, porém impopulares, com o consequente enfraquecimento dos argumentos técnicos e geração de expectativas tão irreais quanto perniciosas ao comprometimento geral com a solução que uma situação como essa exige. Abre-se, assim, espaço para iniciativas legislativas individuais que, justamente pela ausência do respaldo público de critérios consistentes de tratamento das relações negociais, apontam soluções cuja eficiência de implementação é duvidosa. E que podem, nos casos mais graves, levar a incentivos equivocados e elevação dos custos de transação, com desperdícios de recursos que serão essenciais à retomada.

É nesse cenário que recebo o convite para apresentação desta obra, cuidadosamente elaborada por João Pedro Scalzilli, Luis Felipe Spinelli e Rodrigo Tellechea, já conhecidos na comunidade profissional e acadêmica ligada ao direito da empresa em crise.

No primeiro capítulo, os autores constroem um referencial teórico atemporal sobre crises econômicas e os objetivos de um regime de insolvência. Tratam ainda dos vetores da Lei 11.101/2005, a Lei de Recuperação de Empresas e Falências brasileira, e seu potencial de enfrentamento da crise decorrente da pandemia do COVID-19. É com base nesse referencial que o capítulo 2 oferece aquilo que, a meu ver, é a mais importante e oportuna contribuição à formulação de um arcabouço normativo para tratamento das demandas empresariais urgentes, na conjuntura delicada que se encontra o país. Trata-se da reunião, de forma sistematizada, de todas as iniciativas legislativas emergenciais para empresas em crise, com a comparação detalhada de seus dispositivos e análise crítica das soluções propostas, a partir de sua racionalidade. Os autores, todos com Doutorado em Direito Comercial pela Faculdade de Direito da USP, fazem ainda o cotejamento de cada proposição com as recentíssimas decisões judiciais sobre o tema.

O resultado é uma obra consistente e crítica, que oferece subsídios indispensáveis a avaliação do cabimento de medidas urgentes de socorro a empresas no contexto da pandemia que assola o mundo.

Francisco Satiro

Professor de Direito Comercial da Faculdade de Direito da Universidade de São Paulo — USP.

SUMÁRIO

CAPÍTULO 1
PANDEMIA E CRISE ECONÔMICA

A crise atual causada pela pandemia do coronavírus é inédita em vários aspectos. Trata-se de uma crise de ruptura, de natureza semelhante àquelas ocasionadas por guerras ou catástrofes naturais, de escala global e de duração indefinida. Pode-se dizer que se trata de crise de liquidez apenas nos efeitos, pois, na origem, é consideravelmente mais grave: pessoas se isolaram; indústria, comércio e serviços fecharam as portas; consumidores desapareceram. Verificou-se uma ruptura na oferta e na demanda de bens e serviços, com a paralisação de cadeias produtivas inteiras. A economia entrou em convulsão.

Diante desse cenário, acadêmicos e profissionais da área de insolvência envidaram esforços desde a decretação do estado de calamidade — 20 de março de 2020 — para discutir alternativas para adaptar o sistema concursal aos desafios atuais e vindouros. Abandonaram-se, temporariamente, os esforços em prol da necessária reforma e aperfeiçoamento da Lei 11.101/05 (Lei de Recuperação de Empresas e Falências, LREF), para que fossem projetadas medidas emergenciais e temporárias para combater os efeitos da crise em questão.

Até o presente momento, produziram-se oito projetos de lei com reformas emergenciais e/ou reflexos na LREF: quatro na Câmara dos Deputados e 4 quatro no Senado Federal[4].

[4] Em 21 de maio de 2020, a Câmara dos Deputados aprovou o substitutivo do PL 1397, que aglutina, também, os PLs 1781, 2067 e 2070. Ao que tudo indica, esse projeto de lei tem

Número	Relator	Status	Casa de origem
PL 1397 de 2020	Dep. Hugo Leal	Aprovado na CD.	Câm. Deputados
PL 1781 de 2020	Dep. Domingos de Aguiar Neto	Apensado ao PL 1397	Câm. Deputados
PL 2067 de 2020	Dep. Tiago Dimas	Apensado ao PL 1397	Câm. Deputados
PL 2070 de 2020	Dep. Roberto Alves	Apensado ao PL 1397	Câm. Deputados
PLS 1179 de 2020	Sen. Antonio Anastasia	Aprovado no SF. Aprovado na CD.	Senado Federal
PLS 2373 de 2020	Sen. Rodrigo Cunha	Em tramitação	Senado Federal
PLS 1199 de 2020	Sen. Álvaro Dias	Em tramitação	Senado Federal
PLS 2409 de 2020	Sen. Confúcio Moura	Em tramitação	Senado Federal

Além disso, o Conselho Nacional de Justiça — CNJ editou uma recomendação (nº 63 de 31 de março de 2020) para orientar juízes com competência para o julgamento de ações de recuperação judicial, extrajudicial e falência sugerindo a adoção de medidas para a mitigação do impacto decorrente das providências de combate à contaminação pelo novo coronavírus causador da Covid-19[5].

maiores chances de êxito no *iter* do processo legislativo. Embora os Capítulos, 2, 3 e 4 deste estudo estejam ancorados em alguns dos dispositivos do substitutivo do PL 1397, não há exame analítico, muito menos crítica aprofundada/exaustiva das suas proposições. Quando — e se — houver aprovação legislativa definitiva, com sanção presidencial, os autores se reservam o direito de realizar oportunamente suas críticas e sugestões ao futuro texto de lei que pretende ajustar, emergencial e temporariamente, a Lei 11.101/05 aos desafios da pandemia da COVI-19.

[5] Recomendação, aliás, que gerou bastante polêmica, já tendo sido declarada inconstitucional em sede de controle difuso, dado que violaria a independência do juiz e interferiria na atividade jurisdicional. Cf. TJSP, 2ª Vara de Falências e Recuperações Judiciais da Comarca de São Paulo, processo 0038328-39.2013.8.26.0100, julgador Dr. Paulo Furtado de Oliveira Filho, j. 12/05/2020. No referido julgado, ficou consignado: "O Supremo Tribunal Federal, quando reconheceu o Conselho Nacional de Justiça como órgão compatível com a independência do Poder Judiciário, observou que ele teria competências de ordem administrativa e censória, não podendo interferir na atividade-fim do juiz, que é a jurisdição: 'Conselho Nacional de Justiça; Órgão de natureza exclusivamente administrativa. Atribuições de controle da atividade administrativa, financeira e disciplinar da magistratura' (ADI 3.367-1, Rel. Min. Cézar Peluso)". O Tribunal de Justiça de São Paulo também se manifestou sobre o tema, acolhendo os fundamentos da decisão acima citada (embora examinando, em grau de recurso, caso diverso): TJSP, 1ª Câmara Reservada de Direito Empresarial, Rel. Des. Pereira Calças (decisão monocrática), j. 14/05/2020.

Ainda, alguns Tribunais de Justiça têm realizado projetos-piloto de conciliação e mediação pré-processuais para disputas empresariais decorrentes dos efeitos da pandemia do novo coronavírus. Nesse sentido, faz-se referência às medidas adotadas pelo Tribunal de Justiça de São Paulo (Provimento da Corregedoria Geral nº 11, de 17 de abril de 2020) e pelo Tribunal de Justiça do Paraná (decisão NUPEMEC — Núcleo Permanente de Métodos Consensuais de Solução de Conflitos — de 15 de abril), implantado na comarca de Francisco Beltrão (que inclui processos de recuperação judicial em tramitação).

Os Tribunais, também, vêm se desdobrando para cumprir a tarefa de interpretar a LREF à luz da situação de crise gerada pela pandemia do novo coronavírus, apresentando, até o momento, diversas soluções no enfrentamento emergencial das situações que se apresentam. Nesse particular, importante destacar que, quanto maior o espaço deixado pelo Legislativo para a apresentação de soluções emergenciais para a crise — ainda que pontuais —, tanto mais relevante será o papel do Judiciário no endereçamento de saídas para os múltiplos problemas derivados da Covid-19.

1. Introdução

Existe um mito sobre a recuperação empresarial. Evidências empíricas sugerem que há uma dissonância cognitiva generalizada no que diz respeito à compreensão do alcance e dos limites da LREF, especialmente de seu principal instrumento de superação da crise das empresas, a recuperação judicial. Em tempos da pandemia causada pelo novo coronavírus, o problema se acirra.

Expectativas irreais acerca da eficácia da recuperação de empresas confundem os empresários que dela necessitam e enuviam as discussões acerca da reforma da legislação de insolvência. Questionamentos que invariavelmente aparecem no meio empresarial e, algumas vezes, nos debates acadêmicos, giram em torno do "se recuperação judicial funciona" ou sobre "quantas empresas realmente se recuperaram". Com a crise econômica de proporções bíblicas causada em função das medidas de isolamento social para o combate à disseminação do coronavírus, a questão ganha novos contornos à medida que esperanças desmedidas são depositadas no sistema de insolvência.

O problema não está nas perguntas em si, mas na falta de compreensão de certas premissas. Em primeiro lugar, medidas legais e institutos jurídicos possuem limitações intrínsecas; possuem, por óbvio, consequências econômicas, mas determinados efeitos macroeconômicos só são alcançados com medidas de natureza anticíclica. Não se pode esperar que o sistema jurídico engendre a solução econômica para a crise; essa expectativa, se existente, deve ser completamente descartada. Em segundo lugar, deve-se compreender o alcance e os limites dos instrumentos jurídicos contidos na LREF. Para tanto, deve-se distinguir os diferentes tipos ou espécies de crises empresariais, cada uma com causas e características próprias, especialmente porque os remédios jurídicos da empresa em crise (seja a recuperação judicial, seja a recuperação extrajudicial) não foram projetados para resolver todas elas. Em terceiro lugar, a crise causada pelo novo coronavírus apresenta desafios inéditos, cuja superação depende da realização de ajustes emergenciais e temporários no sistema concursal.

Por fim, deve-se assimilar o real significado subjacente à ideia de "preservação da empresa", vetor principal da LREF. Uma recuperação judicial ou mesmo uma recuperação extrajudicial bem-sucedida pode se revelar em um negócio com configuração completamente distinta da anterior — menor e mais eficiente, por exemplo —, na continuidade da atividade sob a batuta de outro empresário ou até em uma liquidação ordenada de ativos, que possibilite a realocação de bens e recursos na economia com a menor perda de valor possível. Ou seja, empresa que sai da recuperação pode ser muito diferente daquela que entrou, e o instrumento jurídico pode ser bem-sucedido de diferentes maneiras.

2. Crise empresarial

A história do capitalismo é um registro de contínuo progresso econômico, frequentemente interrompido por bolhas (*booms*) e sua inevitável consequência, o estouro (*bust*) e as recessões[6] (cuja superação exige um trabalho de reajustamento da economia, passando, necessariamente, pela eliminação de investimentos ruinosos, nos quais se

[6] Von Mises, Ludwig. *A ação humana*. Trad. Donald Stewart Jr. 31 ed. São Paulo: Mises Brasil, 2010, p. 656.

cometeu graves equívocos na alocação de recursos[7]), até a retomada de um estado de equilíbrio[8].

O intervalo de tempo entre a expansão e a recessão se formam ciclos econômicos[9], nos quais as mudanças contínuas são a regra do jogo. Em tais ambientes, a essência da atividade do empreendedor está na tomada de decisões[10], na escolha de se antecipar às variações tanto no que se refere às condições de demanda quanto às de oferta. Os agentes que têm mais sucesso lucram na proporção da sua acuracidade e do seu juízo, enquanto os que fracassam caem pelo caminho[11].

Examinado o agente econômico em si, sabe-se que pode passar por diferentes tipos de crise. Estas podem assumir as mais variadas formas. Em uma tentativa de sistematização, pode-se dizer que há 3 (três) grandes grupos de crise: (*i*) a crise econômica; (*ii*) a crise financeira; (*iii*) a crise patrimonial.

A *crise econômica* caracteriza-se pelo desajuste entre receitas e despesas decorrentes do exercício da atividade econômica. Nesse contexto, o remédio jurídico da recuperação (judicial ou extrajudicial) nada ou pouco poderá fazer para reverter a crise instaurada no devedor, exceto ganhar tempo e facilitar algumas medidas para que profissionais de outras áreas (*e.g.* gestores e consultores das áreas comercial, marketing, industrial, recursos humanos, por exemplo) promovam os ajustes necessários para retomar a geração de resultados positivos[12].

[7] Rothbard, Murray N. *A grande depressão americana*. Trad. Pedro Sette-Câmara. São Paulo: Mises Brasil, 2012, p. 54.

[8] Hayek, F. A. *A pretensão do conhecimento*. Trad. Leandro Augusto Gomes Roque. São Paulo: LVM, 2019, p. 13-14.

[9] Rothbard, Murray N. *A grande depressão americana*. Trad. Pedro Sette-Câmara. São Paulo: Mises Brasil, 2012, p. 54.

[10] Von Mises, Ludwig. *Lucros e perdas*. Trad. Claudio A. Téllez-Zepeda. São Paulo: LVM, 2017, p. 66; Von Mises, Ludwig. *Intervencionismo*. Trad. Donald Stewart Jr. São Paulo: LVM, 2017, 88 e ss.

[11] Rothbard, Murray N. *A grande depressão americana*. Trad. Pedro Sette-Câmara. São Paulo: Mises Brasil, 2012, p. 48.

[12] O termo "crise econômica", enquanto desajuste entre receitas e despesas da atividade empresarial, diz respeito a uma crise endógena, ou seja, interna à própria empresa. Mas o termo "crise econômica" também é utilizado para designar um distúrbio na economia, sendo, portanto, exógeno (externo à empresa). Uma crise econômica nesta linha — da economia em si — consiste em um período de redução dos níveis de produção, comercialização e consumo, ocasionando a diminuição da renda das famílias, do lucro empresarial e do investimento em

O choque de gestão, o aprimoramento de processos internos e os ajustes na geração de caixa e de despesas podem parecer medidas insuficientes para superar as dificuldades, mas, no contexto atual, são extremamente úteis e necessárias. Isso porque a crise vigente envolve medidas de restrição à movimentação de pessoas e ao funcionamento de negócios; as providências sanitárias adotadas resultaram na interrupção da produção, da circulação de bens e serviços, bem como na redução drástica do consumo. Em suma, trata-se de uma ruptura nas cadeias de oferta e de demanda, em função do distanciamento social, gerando verdadeira perturbação das relações e desorganização da economia.

Mesmo quando superado o ápice da crise e restabelecidas as interações econômico-sociais, a demanda por certos produtos e serviços dificilmente voltará aos níveis pré-Covid-19. Em uma perspectiva gráfica, a tendência, na verdade, é que a trajetória de recuperação econômica adote o movimento de uma curva em "U" ou em "L" e não em "V", como tradicionalmente ocorre em crises de menor gravidade. Setores inteiros foram e serão afetados. É o caso do transporte aéreo, das agências de turismo, dos cinemas, teatros, casas de eventos, das produtoras de espetáculos, dos bares, restaurantes, shoppings, hotéis, resorts, parques de diversão, academias, universidades[13].

negócios, além de aumento do desemprego e do número de falências. Em sentido amplo, sabe-se que a economia é cíclica (porque alterna ciclos econômicos), passando por fases de crescimento econômico (expansão) e por fases de contração (recessão ou depressão). Normalmente se admite a caracterização da recessão pela queda do produto interno bruto (PIB) de um país por dois trimestres consecutivos. Depressão, por sua vez, consiste em uma recessão prolongada (3 ou 4 anos) ou, ainda que em um curto período, de uma queda muito acentuada do PIB (10%, por exemplo). Depressão é, portanto, uma crise mais duradoura ou profunda (ou, ainda, ambas: duradoura e profunda). Como exemplo desta há a Grande Depressão dos anos 1930, desencadeada pela queda da produção industrial norte-americana e pelo *crash* da Bolsa de Nova York em 1929. Como exemplo de recessão, tem-se a Grande Recessão de 2008-2009, iniciada com o estouro da bolha imobiliária norte americana. Sobre o tema, ver: MARICHAL, Carlos. *A nova história das grandes crises financeiras*: uma perspectiva global — 1873-2008. Rio de Janeiro: FGV Editora, 2016, p. 25-26; ROTHBARD, Murray N. *A grande depressão americana*. Trad. Pedro Sette-Câmara. São Paulo: Mises Brasil, 2012, p. 48 e ss.

[13] Como bem ponderou Paulo Furtado: "Especialistas das mais diferentes áreas, da economia à psicologia, preveem mudanças permanentes nos hábitos de vida e de consumo. O retorno ao faturamento anterior às medidas de isolamento social, após a reabertura das lojas físicas (...), é incerto". TJSP, 2ª Vara de Falências e Recuperações Judiciais, processo 1119642-14.2018.8.26.0100, julgador Dr. Paulo Furtado de Oliveira Filho, j. 27/04/2020.

Evidente, que, nesse caso, as estruturas de custos não estarão adequadas à nova realidade das receitas, demandando ajustes importantes. De um lado, é natural que essas medidas deem maior atenção ao aumento das receitas e ao corte de despesas; de outro, deve-se ter em conta que a recuperação, judicial ou extrajudicial, não gera, por si só, caixa. E ainda que, por hipótese, fosse possível eliminar todo o endividamento da empresa, no mês seguinte ao corte hipotético, o desencaixe nas receitas e despesas geraria novas dívidas. Mesmo assim, é inegável que a suspensão do pagamento de obrigações (efeito bastante comum dos procedimentos recuperatórios — vide o *stay period*) pode ser uma ferramenta necessária para lidar com a paralisia econômica gerada pelas medidas de isolamento social, especialmente se não for possível encontrar alternativas imediatas para a rápida retomada da economia.

A situação muda de figura quando se está diante de uma *crise financeira*, consubstanciada pelo desajuste entre prazo médio de recebimento (PMR) e prazo médio de pagamento (PMP); na crise atual, mais concretamente, no descompasso entre os recebimentos (que deixaram de ocorrer) e os pagamentos (ainda devidos e sobre os quais incidem multa e juros).

É consenso que a recuperação judicial oferece a sua principal contribuição no enfrentamento da crise financeira[14]. Efetivamente, se o problema é de *liquidez*, porque o endividamento possui vencimento médio mais curto do que os recebimentos, a recuperação judicial age diretamente no coração do problema ao suspender os pagamentos pelo prazo do *stay period* (180 dias) e, depois, ao reestruturar o fluxo de caixa pelos efeitos modificativos do plano de recuperação sobre as obrigações (*e.g.*, carência, deságio e novação).

Em resumo, em muitas das recuperações bem-sucedidas, as obrigações de curto prazo são alongadas e desagiadas (remidas parcialmente), de modo que as parcelas previstas no plano sejam condizentes com a geração de caixa da empresa[15]. Faz-se, assim, a sincronização financeira

[14] Embora existam outras possíveis soluções, como a negociação com clientes e fornecedores, com instituições financeiras, ou mesmo a utilização de títulos de crédito para antecipar recebimentos.

[15] Potencialmente, a recuperação extrajudicial se aplica para resolver o mesmo tipo de crise, porém, as deficiências intrínsecas verificadas nesse regime jurídico tornam a sua utilização

entre recebimentos e pagamentos — o que é especialmente importante em momentos de crise, já que, em regra, empresas não morrem por endividamento, mas por falta de liquidez. Como se diz, *cash is king, time is queen*[16].

Já na *crise patrimonial* (*i.e.*, quando o patrimônio líquido se apresenta negativo, hipótese em que o passivo exigível supera o ativo em função de prejuízos verificados em períodos anteriores), o cenário se agrava ainda mais, especialmente se a crise que originou essa situação não for revertida a tempo, hipótese em que situação tende a migrar para uma liquidação falimentar (na qual se garante o pagamento dos credores conforme as preferências legalmente estabelecidas). Em tais casos, é preciso que se criem condições para que os empreendedores, especialmente os de pequeno/médio porte, voltem rapidamente ao mercado (*fresh start*), evitando a informalidade, a prática de fraudes e estimulando que o falido possa novamente empreender para garantir o seu sustento e o de sua família[17].

De qualquer forma, caso a crise econômica, que deu origem à crise patrimonial, seja passível de reversão, pode-se utilizar a recuperação judicial para alongar o passivo exigível e utilizar esse espaço temporal para estabilizar a empresa. Seja como for, entende-se não ser possível a superação da crise empresarial sem a adoção de medidas drásticas de gestão. Sozinha, em caso de crise patrimonial, a LREF não tem nada a oferecer[18].

marginal. O tema foi enfrentado em: Spinelli, Luis Felipe; Tellechea, Rodrigo; Scalzilli, João Pedro. *Recuperação extrajudicial de empresas*. São Paulo: Quartier Latin, 2013.

[16] Nessa linha: *Turnaround e reestruturação na geração de valor*. Galeazzi & Associados. Abril de 2020.

[17] A rigor, no caso dos pequenos empreendedores que, no Brasil, representam a imensa maioria dos negócios, a criação de empecilhos legais ao *fresh start* afasta-os completamente do mercado econômico formal. Em razão disso, quanto mais célere for a liquidação dos ativos decorrentes da atividade falida e menores forem os filtros de ingresso no sistema da regularidade empresarial, inclusive nos regimes da crise, mais aderente à realidade econômica será o ordenamento jurídico.

[18] Exceto a ressurreição da empresa nas mãos de outro empresário. A propósito da preservação da empresa em contexto falimentar, ver: Toledo, Paulo Fernando Campos Salles de. A preservação da empresa, mesmo na falência. In: De Lucca, Newton; Domingues, Alessandra de Azevedo (coord.). *Direito recuperacional*: aspectos teóricos e práticos. São Paulo: Quartier Latin, 2009, p. 517-534; Pugliesi, Adriana Valéria. *Direito falimentar e preservação da empresa*. São Paulo: Quartier Latin, 2013; Abrão, Nelson. *A continuação do negócio na falência*.

Finalmente, mesmo em caso de crise insuperável, seja ela econômica, financeira ou patrimonial, os mecanismos de alienação de bens e unidades produtivas isoladas (UPI), tanto da recuperação (judicial e extrajudicial) quanto da falência, podem prestar uma importante contribuição ao garantir a realocação de ativos na economia e a preservação da empresa nas mãos de outro titular. A rigor, trata-se da materialização jurídica de princípio básico da economia, de que os recursos são escassos e as necessidades ilimitadas, razão pela qual devem ser alocados em atividades criadoras de riquezas[19].

3. A crise atual

A sabedoria popular diz que se você quer as respostas corretas, precisa fazer as perguntas certas. O objetivo deste ensaio, para além de registrar as iniciativas legislativas, administrativas e o esforço da jurisprudência em matéria concursal relacionados à pandemia do novo coronavírus, é jogar alguma luz sobre o alcance e os limites das ferramentas do sistema de insolvência brasileiro. Busca-se, ao fim e ao cabo, contribuir com o debate em torno da eficácia dos instrumentos jurídicos da Lei 11.101 de 2005 (LREF) para lidar com a crise atual.

Em síntese, a questão central é saber: qual o verdadeiro papel da LREF no combate aos efeitos econômicos da Covid-19? Respondida essa pergunta, põe-se outra: quais soluções legislativas efetivamente contribuem para o enfrentamento da crise em curso?

É importar registrar desde já que: (*i*) as expectativas irreais acerca da recuperação de empresas atrapalham a compreensão do seu verdadeiro papel no combate à crise empresarial; (*ii*) crises econômicas endógenas não podem ser revertidas senão com medidas de gestão que façam a empresa voltar à lucratividade; (*iii*) crises patrimoniais normalmente resultam em falências; (*iv*) empresas inviáveis devem falir; (*v*) para crises financeiras, a recuperação judicial (ou mesmo a extrajudicial) é uma ferramenta extremamente eficiente e, se bem empregada, é um poderoso instrumento de preservação da empresa; (*vi*) a natureza singular da crise

Tese (Livre-Docência em Direito). Faculdade de Direito da Universidade de São Paulo, São Paulo, 1975.

[19] Sowel, Thomas. *Economia básica*. Vol. I. 5 ed. São Paulo: Alta books, 2018, p. 2-4.

gerada pelo novo coronavírus demanda alterações pontuais, emergenciais e provisórias na Lei 11.101/05 (LREF), capazes de adaptar seus regimes jurídicos para lidar excepcionalidade com os desafios vindouros.

Sobre esse último tópico, importante ter em mente a dimensão da crise atual. Ajuda relembrar alguns fatos, pois carregados de um simbolismo poderoso: (*a*) a adoção medidas de distanciamento e isolamento social (quarentena) em praticamente todo o mundo, com a paralisação de metrópoles como Milão, Madri, Barcelona e Nova York; (*b*) o fechamento quase completo do comércio, indústria e serviços não essenciais; (*c*) a suspensão de campeonatos esportivos e da gravação de filmes, novelas, seriados e programas de auditório, resultando na transmissão de reprises pelas emissoras de televisão; (*d*) a suspensão das aulas em colégios e universidades; (*e*) a construção de hospitais de campanha, inclusive em estádios esportivos e centros de convenções; (*f*) a utilização de leis de guerra (*defense production act* de 1950) pelo Governo dos EUA para a requisição dos parques industriais de GM, Ford, GE e 3M para produzir bens essenciais ao esforço de combate ao vírus; (*g*) a missa na Praça de São Pedro vazia com o Papa rezando perante o crucifixo da Peste Negra de 1522, peça usada pela última vez por fiéis em procissão por Roma que, de acordo com a tradição, teria feito cessar a epidemia; (*h*) os corpos sendo jogados nas ruas em Guayaquil, no Equador; (*i*) o adiamento das Olimpíadas de Tóquio para 2021, evento cuja data de realização só sofreu alterações durante a I e II Guerras Mundiais; (*j*) os cancelamentos inéditos das comemorações de São Patrício na Irlanda e nos EUA e da Oktoberfest de Munique pela primeira vez desde o fim da II Guerra; (*k*) o quarto discurso extraordinário da Rainha Elizabeth II em 68 anos de reinado.

As medidas de isolamento social concebidas para achatar a curva de contágio da Covid-19 resultaram em repercussões econômicas gravíssimas, dentre elas: (*i*) quedas bruscas de receita em todos os grandes setores da economia (exceto supermercados e farmácias), incluindo reduções entre 60 e 90% no turismo, no transporte aéreo, no comércio de vestuário, em bares e restaurantes e nas empresas de estacionamento; (*ii*) diminuição de mais de 60% na renda de autônomos, empreendedores e trabalhadores informais; (*iii*) saída expressiva de capital estrangeiro do País rumo a mercados institucionalmente mais seguros, redundando em alta do dólar (aproximadamente 30% em abril) e queda da

Bolsa de Valores (quase 50% do Ibovespa em março); (*iv*) previsão da OMC de maior redução do comércio internacional desde a II Guerra Mundial; (*v*) projeções de quedas históricas nos PIB de economias desenvolvidas (7,5% dos países da zona do euro, com destaque negativo para o Reino Unidos com retração projetada de 13%, e 5,9% nos Estados Unidos); (*vi*) mais de 90 países pedindo auxílio financeiro ao FMI; (*vii*) contratos de petróleo sendo negociados a preços negativos pela primeira vez na História em função da falta de capacidade de armazenamento do óleo acumulado pela queda brusca de consumo; (*viii*) 60% da frota mundial de aeronaves no solo, causando um problema inédito de logística de onde estacionar e como fazer a manutenção de mais de 14.000 aviões que deveriam estar no ar.

A lista de repercussões socioeconômicas da pandemia não é exaustiva nem possui um padrão científico qualquer. São fatos e dados amplamente noticiados e encontráveis em qualquer meio de comunicação. Estão, como se diz, "ao alcance de um clique". Mas enquanto os números de infectados e desempregados ainda estão sendo contabilizados, parece inquestionável que se está diante de uma ruptura. Quando o padrão de comparação dos efeitos da crise sanitária e econômica mundial deixa de ser os anos imediatamente anteriores e passa a alcançar episódios extremos da História da humanidade, como a Peste Negra, a Gripe Espanhola, a Grande Depressão de 1929 e as Guerras Mundiais, é prova suficiente da excepcionalidade do momento.

A literatura especializada aponta que o padrão de comparação da crise atual deixou de ser a Grande Recessão dos anos 2008-2009 — iniciada pela crise do *subprime* nos EUA, considerada a segunda pior crise do capitalismo — e passou a ser a Grande Depressão dos anos 1930 — causada pela desaceleração da economia americana e precitada pelo *crash* da Bolsa de Nova York em 1929[20].

[20] Entre outros, ver: Galbraith, John Kenneth. *A crise econômica de 1929*: anatomia de uma catástrofe financeira. Lisboa: Universidade Moderna, 1954; Kindleberger, Charlie P.; Aliber, Roberto Z. *Manias, pânicos e crises*: a história das catástrofes econômicas mundiais. São Paulo: Saraiva, 2013; Marichal, Carlos. *A nova história das grandes crises financeiras*: uma perspectiva global — 1873-2008. Rio de Janeiro: FGV Editora, 2016; Eichengreen, Barry. *Crises financeiras*. Rio de Janeiro: Campos, 2003; Rogoff, Kenneth S.; Reinhart, Carmen M. *Oito séculos de delírios financeiros*: dessa vez é diferente. Rio de Janeiro: Elsevier, 2010.

A Grande Depressão, amplamente considerada a pior catástrofe econômica da História, gerou uma queda de 15% no PIB mundial, 46% e 42% de retração da produção industrial americana e alemã, respectivamente, e um índice de desemprego de 25% nos EUA e na Alemanha[21]. A título de comparação, na crise de 2008-2009, a queda no PIB americano foi de 2,4%, enquanto o PIB mundial retraiu 1%. Levando-se em conta que os números da crise de 2020, chamada de o "Grande Lockdown" (ou o "Grande Confinamento") pelos economistas do FMI[22], romperam a barreira dos 5% de queda nos EUA, atingindo patamares próximos a 10% no Reino Unido, Alemanha e Itália, tem-se a prova inquestionável da magnitude do problema.

As evidências históricas sugerem que as crises econômicas são cíclicas, fásicas, sistêmicas, similares em suas causas e possuem um com-

[21] MARICHAL, Carlos. *A nova história das grandes crises financeiras*: uma perspectiva global — 1873-2008. Rio de Janeiro: FGV Editora, 2016, p. 104.

[22] A expressão "Grande Lockdown" foi empregada por Gita Gopinath, professora de Harvard e economista chefe do Fundo Monetário Internacional (FMI), para designar a crise econômica causada pelo novo coronavírus. Segundo a economista: "O mundo mudou radicalmente nos três meses desde nossa última atualização do relatório *World Economic Outlook*, em janeiro. Um desastre raro — uma pandemia de coronavírus — está provocando a perda trágica de um número cada vez maior de vidas. À medida que os países impõem as quarentenas e práticas de distanciamento social necessárias para conter a pandemia, o mundo entrou em um Grande *Lockdown*. A magnitude e a velocidade do colapso da atividade econômica que se seguiu são diferentes de tudo o que já vimos". É um cenário de paralisia da economia. Em muitos aspectos, em especial pela proporção, o Grande Lockdown tem sido comparado com a Grande Depressão causada pela desaceleração da economia norte-americana e pela quebra da Bolsa de Valores de Nova York em 1929, pois as projeções é que o mundo experimente a pior recessão desde então. Levando-se em consideração que na Crise de 1929 (a pior crise da história do capitalismo) o mundo passou por uma retração no PIB de 15%, e na crise econômica de 2008-2009 (crise do subprime, chamada de a "Grande Recessão", segunda pior crise dos últimos cem anos), a queda no PIB foi de 1%, o encolhimento 3% global projetado para 2020, com contração na ordem de 6,3% das economias desenvolvidas, faz da crise atual comparável ao pior cenário econômico já vivido pela humanidade (ao menos desde 1300). A projeção é de uma perda de 9 (nove) trilhões de dólares, superior à soma das economias do Japão e da Alemanha, considerando-se um cenário conservador. Mas, dadas as incertezas em torno da duração e da intensidade e da crise sanitária atual, é possível a verificação de conjunturas mais adversas, com agravamento das condições econômicas e de rupturas ainda mais profundas das cadeias produtivas. Disponível em: <https://www.imf.org/pt/News/Articles/2020/04/14/blog-weo-the-great-lockdown-worst-economic-downturn-since-the-great-depression>. Acesso em: 01 de maio de 2020.

ponente humano central. São cíclicas, porque ocorrem em intervalos periódicos mais ou menos regulares[23]. São físicas, pois se desenvolvem por etapas, em padrões bastante regulares. São sistêmicas porque se alastram em ondas, com poder de contágio tanto maior quanto mais importante for o mercado onde se inicia[24]. Têm origem remota em momentos de inovação e aumento de produtividade[25], quando há crescimento econômico e criação de riqueza, e causas imediatas no aumento de crédito barato[26], que gera especulação desenfreada e bolhas de preços que não se sustentam, resultando, em dado momento, em estouro da bolha, pânico, efeito manada para vender ativos, queda nos preços e falências em número muito superior aos normalmente verificados[27]. Finalmente, possuem um elemento humano central[28] porque os prin-

[23] A literatura sobre os ciclos econômicos é especialmente rica. Ver, entre outros: Schumpeter, Joseph A. *Business Cycles*: a theoretical, historical and statistical analysis of the capitalist process. Philadelphia: Porcupine Press, 1964; Hansen, Alvin H. *Business cycles and national income*. New York: W. W. Norton & Company, 1951; Estey, James Arthur. *Business cycles*: their nature, cause, and control. New York: Prentice-Hall, 1942; Hamberg, D. *Business cycles*. New York: The Macmilan Company, 1951; Duesenberry, James S. *Business cycles and economic growth*. New York, Toronto and London: McGraw-Hill Book Company, 1958; Mitchell, Wesley Clair. *Os ciclos econômicos e suas causas*. São Paulo: Nova Cultural, 1988.

[24] Marichal, Carlos. *A nova história das grandes crises financeiras*: uma perspectiva global — 1873-2008. Rio de Janeiro: FGV Editora, 2016, p. 23.

[25] Schumpeter, Joseph. *Capitalism, socialism, and democracy*. London: Routledge, 2006, p. 84; Marichal, Carlos. *A nova história das grandes crises financeiras*: uma perspectiva global — 1873-2008. Rio de Janeiro: FGV Editora, 2016, p. 40 ss., 47 ss., 62 ss., 131 ss.

[26] Sobre os grandes fluxos internacionais de capital e o aumento do crédito barato como catalisador das crises, ver, essencialmente: Kindleberger, Charlie P.; Aliber, Roberto Z. *Manias, pânicos e crises*: a história das catástrofes econômicas mundiais. São Paulo: Saraiva, 2013, p. 9; Marichal, Carlos. *A nova história das grandes crises financeiras*: uma perspectiva global — 1873-2008. Rio de Janeiro: FGV Editora, 2016, p. 91-92, 164 ss., 225, 233 ss. Para uma visão do tema sob outro perspectiva, ver: Von Mises, Ludwig. *A ação humana*. Trad. Donald Stewart Jr. 31 ed. São Paulo: Mises Brasil, 2010, p. 281 e ss; Von Mises, Ludwig. Intervencionismo Trad. Donald Stewart Jr. 3 ed. São Paulo: Mises Brasil, 2018; Rothbard, Murray N. *A grande depressão americana*. Trad. Pedro Sette-Câmara. São Paulo: Mises Brasil, 2012.

[27] Shiller, Robert J. *Irrational exuberance*. 2 ed. New York: Broadway Books, 2005; Kindleberger, Charlie P.; Aliber, Roberto Z. *Manias, pânicos e crises*: a história das catástrofes econômicas mundiais. São Paulo: Saraiva, 2013.

[28] Von Mises, Ludwig. *A ação humana*. Trad. Donald Stewart Jr. 31 ed. São Paulo: Mises Brasil, 2010, p. 183 e ss.

cipais fatores que impulsionam tanto o ciclo de expansão quanto o de crise são comportamentais, de natureza eminentemente psicológica[29].

Mas a crise atual possui natureza diversa. Desde a Bolha das Tulipas (Holanda, 1636), passando pelas crises das companhias dos Mares do Sul (Inglaterra, 1720) e do Mississipi (França, 1720), a Quebra da Bolsa de Nova York (1929) e a consequente Grande Depressão (anos 1930), o Primeiro e o Segundo Choques do Petróleo (Conflito Árabe-Israelense, 1971, e Revolução Islâmica no Irã, 1979, respectivamente), a crise das dívidas soberanas dos países emergentes (México, Brasil, Argentina, anos 1980), a bolha imobiliária japonesa (início final dos anos 1980 e início dos 1990), a Crise dos Tigres Asiáticos (Hong Kong, Cingapura, Taiwan, Coreia do Sul, 1997), a Crise Russa (1998), a Bolha da Internet (2000) e a bolha imobiliária americana (Crise do Subprime, 2008-2009), todas as convulsões econômicas foram geradas por surtos especulativos em torno de ações, imóveis (e, curiosamente, tulipas), causados por fluxos internacionais de capitais e crédito barato — à exceção dos conflitos armados, que ocasionaram a disparada do preço de commodities estratégicas, especificamente o petróleo[30].

Sucederam-se pânicos em bolsa, corridas bancárias, crises cambiais e de dívidas soberanas e bolhas imobiliárias — todas, essencialmente, causadas por crédito e especulação —, mas, ao longo da história do capitalismo, a convulsão econômica atual parece ter sido a primeira causada por uma crise sanitária[31]. A natureza da crise em curso é singular; a

[29] Sobre o tema, ver, especialmente, as seguintes obras: Akerlof, George A.; Shiller, Robert J. *O espírito animal*: como a psicologia humana impulsiona a economia e a sua importância para o capitalismo global. Rio de Janeiro: Elsevier, 2009; Shiller, Robert J. *Irrational exuberance*. 2 ed. New York: Broadway Books, 2005; Kindleberger, Charlie P.; Aliber, Roberto Z. *Manias, pânicos e crises*: a história das catástrofes econômicas mundiais. São Paulo: Saraiva, 2013.

[30] Rogoff, Kenneth S.; Reinhart, Carmen M. *Oito séculos de delírios financeiros*: dessa vez é diferente. Rio de Janeiro: Elsevier, 2010; Kindleberger, Charlie P.; Aliber, Roberto Z. *Manias, pânicos e crises*: a história das catástrofes econômicas mundiais. São Paulo: Saraiva, 2013, p. 13; Marichal, Carlos. *A nova história das grandes crises financeiras*: uma perspectiva global — 1873-2008. Rio de Janeiro: FGV Editora, 2016, p. 178.

[31] Ao menos nas proporções das grandes crises econômicas registradas na História. Evidente que qualquer epidemia de grandes proporções ocasiona choques econômicos. Nesse sentido, desde a Peste Negra de 1347-1352, há evidências e distúrbios econômicos gerados por crises sanitárias. Cf. Jedwab, Remi; Noel, Johnson D.; Koyama, Mark. *Pandemics, places, and populations*: evidence from the Black Death. GMU Working Paper in Economics No. 19-04,

necessidade de adoção de medidas de distanciamento social para evitar ou reduzir o colapso dos sistemas de saúde impuseram a quarentena social e o fechamento de negócios não essenciais[32].

Seguiu-se uma ruptura inédita no regime de oferta e da demanda de bens e serviços. Com o fechamento das fábricas chinesas, a primeira onda de choque veio com a falta de componentes industrializados, que deixaram de ser produzidos, gerando a semiparalisação de fábricas no mundo todo. Depois, a segunda onda de choque veio com a quarentena e com a queda abrupta do consumo, em parte pelo fechamento do comércio em geral, mas principalmente porque as pessoas passaram a poupar cada centavo em função da incerteza em torno da situação sanitária e econômica. Cadeias produtivas paralisaram, seja porque um dos seus elos parou, seja porque toda sua engrenagem foi afetada. Empresas tiveram seu faturamento reduzido à praticamente zero da noite para o dia.

Metaforicamente falando, é como se tivessem "tirado a economia da tomada" — e ninguém sabe quando e como ela vai religar. Em grande medida, o dinheiro deixou de circular. Quem possui recursos segura-os ao

p. 12 ss. Disponível em: https://ssrn.com/abstract=3331972. Acesso em: 05 de maio de 2020; Correia, Sergio; Luck, Stephan; Verner, Emil. *Pandemics depress the economy, public health interventions do not*: evidence from the 1918 Flu (March 30, 2020). Disponível em: <https://ssrn.com/abstract=3561560>. Acesso em: 04 de maio de 2020.

[32] Gerando aquilo que Cássio Cavalli chamou de "paradoxo da pandemia": "Os desafios para a superação da crise são de proporções gigantescas, a começar pelo fato de que se apresenta perante a humanidade o Paradoxo da Pandemia, em que as medidas sanitárias de distanciamento social colidem com os imperativos econômicos de prover o mínimo às populações para que possam se isolar em quarentenas. Ou seja, de um lado, impor distanciamento social por meio de quarentenas constitui a forma mais eficiente para se achatar a curva de contaminados de modo a não sobrecarregar o sistema de saúde. De outro lado, para que milhões de pessoas economicamente vulneráveis possam se isolar, é imperativo que se lhes assegure o mínimo existencial, para que possam sobreviver enquanto contribuem para a supressão do vírus. Parece que a promoção de um objetivo prejudica o outro, e vice-versa. Mais do que isso, o Paradoxo da Pandemia não é estático, já que seus efeitos se distribuem no tempo: a contenção do vírus com medidas de quarentena podem acentuar a crise econômica sem precedentes, de modo que mesmo após a humanidade derrotar o vírus ainda terá que lutar com tragédias humanas e sociais de imensas proporções decorrentes dos danos causados ao tecido social pela pandemia". Cavalli, Cássio. *Pandemia e insolvência*: propostas concretas para o enfrentamento da crise — renda mínima e liberação de dívidas. Disponível em: <https://www.cassiocavalli.com.br/pandemia-e-insolvencia-i-medidas-concretas-para-o-enfrentamento-da-crise-renda-minima-e-liberacao-de-dividas/>.

máximo; quem não os tem apenas avisa que não há como pagar. É algo sem precedentes, uma crise cujos impactos são ainda incalculáveis.

Por enquanto, sabe-se que uma crise sanitária gerou uma crise econômica e, no Brasil, um choque no câmbio; a crise econômica gerará uma crise fiscal à medida que gastos extraordinários para lidar com os imperativos sanitários confrontarem uma receita tributária em queda pela redução da atividade econômica; a crise fiscal talvez gere uma crise monetária, cujos efeitos são geralmente inflação e desemprego[33]: não se sabe ainda. O choque econômico acarretou uma situação de inadimplemento generalizado, que certamente resultará em milhares, talvez milhões de ações de cobrança, execuções, embargos, revisionais de contratos, recuperações judiciais e falências, ensejando grandes desafios ao Poder Judiciário[34].

Em meio a tudo isso, advém uma crise política — trazendo à mente a célebre frase de Tom Jobim: de que "o Brasil não é para principiantes". É tamanha a desorganização da economia, a incapacidade das autoridades públicas de lidar adequadamente com o problema e a falta de clareza sobre como a pandemia vai se comportar que já se adentrou no campo do desconhecido.

4. O papel do sistema de insolvência

Os empreendedores nem sempre conseguem ajustar os ponteiros dos relógios financeiro e econômico das suas atividades negociais. Como

[33] Hayek, F.A. *Desemprego e política monetária*. Rio de Janeiro: José Olympio. Instituto Liberal, 1979, p. 17 e ss.

[34] Estudo recente sobre o mercado de reestruturação no Brasil conduzido pela consultoria Alvarez & Marsal aponta para um expressivo aumento dos pedidos de recuperação judicial nos próximos meses em função da crise atual.41 Mais especificamente, espera-se um crescimento expressivo a partir do final do 3º trimestre de 2020, em decorrência da retração projetada para o PIB em 2020, chegando-se a um número entre 2.100 e 2.500 ajuizamentos em um período de 12 meses. Tais números representam um crescimento entre 50% e 80% em relação ao de 2019. Em 2016, ano do desfecho da crise política que resultou no *impeachment* da presidente Dilma Rousseff, diante de uma queda no PIB 3,5% no ano anterior, atingiu-se o maior número de recuperações judiciais em um ano no Brasil: 1863. Para 2021, diante de um PIB projetado de -6,4% para 2020, estimou-se o pico de 2.500 pedidos. Em síntese, o estudo apresenta uma consistente correlação inversa entre o PIB e o número de recuperações judiciais, que se verifica de meio a um ano depois das crises. Cf. Mercado de reestruturação: impactos no número de pedidos de recuperação judicial no Brasil. Alvarez & Marsal, maio de 2020.

destacou Lawrence Summers, em meio à crise atual, o relógio econômico parou — não há faturamento —, mas o relógio financeiro segue com seus ponteiros correndo, com dívidas vencendo e o taxímetro dos juros ligado[35]. Não restam dúvidas de que o coronavírus foi um verdadeiro cisne negro que atingiu, em cheio, o mundo todo[36].

Ainda assim, a imposição de uma moratória legal, por meio da qual todas as obrigações financeiras vencidas a partir do início da calamidade pública não permitem a adoção de atos de execução ou equivalentes, não parece ser a resposta adequada para o problema. A suspensão legal (e, de certa forma, a negociação preventiva) prevista no PL 1397 de 2020, da relatoria do Deputado Hugo Leal — que será objeto de análise no Capítulo 4 —, apesar de bem-intencionada, parece não ser a mais apropriada em função do possível efeito econômico adverso de travar ainda mais a economia — o que pode desencadear um efeito cascata de inadimplência.

Sabe-se que o empresário é um animal que reage ao ambiente. Havendo fundadas dúvidas sobre se os seus devedores irão honrar com suas obrigações, o empresário tenderá a inadimplir suas próprias dívidas, retendo no caixa o máximo de recursos que conseguir. E como todo mundo é credor e devedor ao mesmo tempo, medidas que se assemelham a moratórias gerais tendem a propagar o inadimplemento ao invés de evitá-lo. Credores e devedores trocam de posição no tabuleiro na medida em que os ponteiros do relógio avançam. Em outras palavras, moratórias gerais tendem a anular os efeitos positivos delas mesmas, pois o agente que não paga, é também aquele que não recebe.

Observa Joseph Stiglitz que os balanços são interdependentes[37]. Qualquer benefício concedido a um devedor irá enfraquecer seus credores, fazendo com que os credores dos credores sejam potencialmente prejudicados, e assim por diante, em um efeito dominó. Por isso, moratórias, como a que se obtém com o *stay period* da recuperação judicial,

[35] Disponível em: <https://www.bloomberg.com/news/articles/2020-04-09/could-super-chapter-11-help-an-economy-avoid-systemic-collapse>. Acesso em: 28 de abril de 2020.

[36] Evento totalmente fora do âmbito das expectativas comuns, portanto, inverossímil, e que causa impactos extremos. Cf. Taleb, Nassim Nicholas. *A lógica do cisne negro*: o impacto do altamente improvável. 16 ed. Rio de Janeiro: Editora Best Business, 2007, p. 16.

[37] Disponível em: <https://www.bloomberg.com/news/articles/2020-04-09/could-super-chapter-11-help-an-economy-avoid-systemic-collapse>. Acesso em: 28 de abril de 2020.

são projetadas para funcionar individualmente, à medida que o empresário em crise opte por utilizar legislação de insolvência, incorrendo em todos os bônus e ônus daí decorrentes.

Stiglitz explica, também, que as legislações de insolvência — como é o caso da Lei 11.101/05 — são arquitetadas para auxiliar empresários individualmente. Elas não funcionam bem na hipótese de uma aplicação geral e irrestrita a toda a economia, justamente em razão da interdependência existente entre as empresas. Um *default* generalizado equivaleria a uma *systemic bankruptcy* (falência sistêmica), que se desenha como o pior cenário possível decorrente da pandemia da Covid-19, um verdadeiro pesadelo, obtempera o professor de Columbia[38].

Medidas legais possuem limitações intrínsecas. Determinados efeitos de caráter mais geral para salvar empresas só serão alcançados com políticas fiscais e econômicas, na linha das clássicas medidas contracíclicas. Governos terão de gastar muito para aumentar a liquidez do mercado e mudar o humor das pessoas, fazendo-as consumir e investir ao invés de segurar cada centavo que possuem. Não há medida mágica e não vai ter "parto sem dor". Não parece haver alternativa para além de o Estado dar o suporte necessário para manter o número de falências abaixo do nível em que elas se tornam sistêmicas, sustenta Stiglitz[39].

Há que se ter um cuidado muito especial com empresas que mantém cadeias produtivas inteiras, cuja crise pode ocasionar falências em cas-

[38] Lembre-se, a esse propósito, que a interdependência entre negócios e os riscos sistêmicos daí advindos são justamente o motivo pela qual se restringe o acesso de certas empresas ao sistema da Lei 11.101 de 2005. As instituições financeiras privadas e as públicas se submetem aos regimes parafalimentares de administração especial temporária (RAET), de intervenção extrajudicial e de liquidação extrajudicial, regulados pelo Decreto-Lei 2.321/1987 (no caso do RAET) e pela Lei 6.024/1974 (intervenção e liquidação extrajudicial), os quais são decretados pelo Banco Central do Brasil. Sobre risco sistêmico, ver: Schwarcz, Steven. Systemic risk. *Duke Law School Legal Studies Paper* No. 1, 2008; *Georgetown Law Journal*, v. 97, n. 1, 2008. Ver, ainda: Salomão Neto, Eduardo. *Direito bancário*. São Paulo: Atlas, 2011, p. 508; Scalzilli, João Pedro; Spinelli, Luis Felipe; Tellechea, Rodrigo. *Recuperação de empresas e falência*: teoria e prática na Lei 11.101/2005. São Paulo: Almedina, 2018, p. 154 ss.

[39] Os estudos de Stiglitz sobre o tema da interconectividade dos negócios e o risco sistêmico podem ser encontrados em: Battiston, Stefano; Caldarelli, Guido; MAY, Robert M.; Roukny, Tarik; Stiglitz, Joseph E. The Price of Complexity in Financial Networks. *Columbia Business School Research Paper* No. 15-49; Roukny, Tarik; Battiston, Stefano; Stiglitz, Joseph E. Interconnectedness as a Source of Uncertainty in Systemic Risk. *Columbia Business School Research Paper* No. 16-14.

cata, espécie de efeito dominó, e cujo tamanho as impeça de ser adquiridas por outras para evitar a quebra. São as chamadas empresas *too big to fail*[40] e a experiência americana em salvá-las — GM, Chrysler, AIG, Citibank, Bank of America, Bear Sterns, Indy Mac, entre outras regatadas direta ou indiretamente pelo Governo americano — do estouro da bolha de 2008 determinou[41] que a crise do *subprime*, mesmo tendo sido a mais severa desde a Crise de 1929, tenha tido a duração de aproximadamente um ano e meio ao invés de se arrastar por uma década (e consistir em uma das causas da ascensão de regimes totalitários na Alemanha e na Itália, bem como da Segunda Guerra Mundial[42]), como ocorreu com a Grande Depressão[43].

[40] Sobre o contexto, vale a leitura de: SORKIN, Andrew Ross. *Too big to fail*: the inside story of how Wall Street and Washington fought to save the financial system — and themselves. New York: Penguin, p. 2010.

[41] Isso segundo a escola econômica *mainstream*. Para uma visão distinta das causas da crise de 2008, à luz da teoria austríaca dos ciclos econômicos (TACE), ver: ROQUE, Leandro. Como ocorreu a crise financeira americana (https://www.mises.org.br/Article.aspx?id=1696). Para o arcabouço teórico da TACE, ver: VON MISES, Ludwig. *A ação humana*. Trad. Donald Stewart Jr. 31 ed. São Paulo: Mises Brasil, 2010, p. 617 e ss.

[42] No biênio 2008-2009, o mundo enfrentou aquela que é considerada a segunda pior crise econômica da História, atrás apenas da Grande Depressão dos anos 1930. A crise de 2008 foi uma crise imobiliária (Crise do Subprime), principalmente, e que resultou em crise bancária, levando à falência importantes instituições financeiras, sendo a mais emblemática delas o tradicional Lehman Brothers, considerada a maior falência da História (2008). Como reflexo, das 15 maiores economias do mundo, 11 tiveram PIB negativo em 2009, entre elas Estados Unidos (-2,6%), Japão (-5,2%), Alemanha (-4,7%), Reino Unido (-5%), Itália (-5,1%), Rússia (-7,9%) e México (-6,5%). O colapso só não foi maior porque, naquele ano, algumas economias asiáticas mantiveram o ritmo de forte crescimento, entre elas China (9,1%), Índia (7,4%) e Indonésia (4,5%). O resultado global foi de um PIB de -1%, aproximadamente. Mesmo assim, os reflexos da crise de 2008-2009 se fizeram sentir por muitos anos depois, com desemprego em alta, ondas de manifestações e protestos, especialmente no Oriente Médio e no Norte da África, chamada "Primavera Árabe" (2010), e, também, nos EUA, como o "*Occupy Wall Street*" (2011), crises migratórias (2010 em diante), nacionalismo e ascensão de políticos de extrema direita.

[43] O Lehman Brothers é um caso aparte e a sua liquidação ao passo que outras instituições receberam o *bailout* do Governo se deve a política de evitar o risco moral pela demonstração de que nem todas as empresas muito grandes serão salvas em cenários de crise, podendo perecer aquelas que tomaram risco demasiadamente. Sobre o ponto, ver: KINDLEBERGER, Charlie P.; ALIBER, Roberto Z. *Manias, pânicos e crises*: a história das catástrofes econômicas mundiais. São Paulo: Saraiva, 2013, p. 333 ss.

Da mesma forma, mas por motivos diferentes, merecem proteção especial os negócios de menor porte — que empregam milhões de pessoas, arrecadam bilhões aos cofres públicos em tributos e oferecem toda sorte de produtos e serviços à população —, pois são justamente aqueles atingidas mais diretamente a crise em função de sua fragilidade e dos custos de utilização das medidas recuperatórias da Lei 11.101/05. Para essas, espera-se auxílio governamental na forma de diferimento de tributos que lhes aliviem o caixa e outros estímulos econômicos. Além disso, é preciso melhorar o subsistema da recuperação judicial especial, tornando-o verdadeiramente apto a equacionar a pequena crise empresarial[44].

Mas entre as empresas *too big to fail* e os pequenos negócios, há uma extensa camada de empreendedores que também estão em apuros. Para aquelas empresas que não se beneficiarem diretamente das medidas governamentais — ou que, mesmo com elas, não consigam debelar a crise —, resta a utilização de um dos regimes jurídicos da Lei de Recuperação e Falência. Como não se sabe a duração da crise sanitária gerada pelo novo coronavírus, desconhecendo-se por quanto tempo a economia ficará desorganizada por conta das medidas de distanciamento social, a grande contribuição da Lei 11.101/05 será a de retardar o número de falências, ajustando o relógio financeiro ao relógio econômico, para usar as expressões empregadas por Lawrence Summer.

Os institutos recuperatórios da LREF precisam funcionar como uma espécie de bandeira amarela. David Skeel, professor de Direito na Universidade da Pennsylvania, descreve que a economia necessita de uma *yellow flag* como aquela utilizada nas corridas automobilísticas quando há um acidente[45]. A bandeira não impede o movimento dos carros, mas proíbe que se façam ultrapassagens, de modo que as manobras dos pilotos — credores e devedores — não ocasionem acidentes até que seja seguro voltar a correr na velocidade normal.

Recentemente, o pacote de estímulo do governo americano chamado "CARES Act" (*Coronavirus Aid, Relief, and Economic Security Act*) melhorou

[44] Sobre o tema, ver: Waisberg, Ivo; Sacramone, Marcelo Barbosa; Nunes, Marcelo Guedes; Scardoa; Renato. *O processo de insolvência e o tratamento das microempresas e empresas de pequeno porte em crise no Brasil.* Disponível em: <ssrn.com/abstract=3601893>.

[45] Disponível em: <https://www.bloomberg.com/news/articles/2020-04-09/could-super-chapter-11-help-an-economy-avoid-systemic-collapse>. Acesso em: 28 de abril de 2020.

as condições para que os negócios, em especial os pequenos, reorganizem-se utilizando o *Chapter 11* do *Bankruptcy Code*. Outras jurisdições adotaram medidas de ajuste em seus sistemas de insolvência: (*i*) ineficácia da obrigação de os administradores ajuizarem procedimentos de autofalência (*deepening insolvency*), mesmo quando determinados gatilhos são verificados (*e.g.* Alemanha, Espanha, Áustria, Turquia e Rússia); (*ii*) elevação expressiva do piso para ajuizamento de falência de face do devedor (*e.g.* Alemanha, Espanha, Holanda); (*iii*) ineficácia de certas cláusulas contratuais em razão de insolvência, como multas, *ipso facto* e vencimento antecipado (*e.g.* França); (*iv*) ampliação dos prazos dos procedimentos de insolvência e pré-insolvência (*e.g.* França); (*v*) *stay* nos procedimentos de reestruturação em curso (*e.g.* Espanha, Turquia e Rússia); (*vi*) prorrogação de parcelas de financiamentos bancários para pequenos e médios negócios, garantias públicas para a obtenção de novos empréstimos, conversão de precatórios e outros ativos fiscais para compensação tributária de empresas em *default* (*e.g.* Itália); (*vii*) proteção dos financiamentos a empresas em crise (*e.g.* Alemanha).

Medidas como essas é o que se espera do legislador. A Lei de Insolvências precisa funcionar como um anteparo capaz de achatar a curva das falências, operando como uma engrenagem de um sistema mais complexo para enfrentar a crise causada pela pandemia da Covid-19. O *stay period* e outras medidas emergenciais devem funcionar como uma *yellow flag*. Os efeitos modificativos do plano de recuperação servem para reestruturar a dívida acumulada. É uma contribuição limitada, mas importante para manter as empresas em atividade (*to keep businesses running*), especialmente durante as fases mais agudas da crise, como as que resultam em medidas de *lockdown* e/ou em estágios intermediários de distanciamento social.

Além disso, deve-se criar instrumentos que viabilizem o financiamento das empresas, uma vez que não será o juiz da recuperação que ofertará recursos ao devedor, como destaca Westbrook, cabendo aos aparatos legais do direito concursal viabilizar o levantamento de fundos com segurança jurídica[46]. Se para tanto forem necessárias reformas

[46] Como leciona Lawrence Westbrook, professor da Universidade do Texas: "I start the study of Chapter 11 by reminding students that the clerk at the bankruptcy court does not hand out money. Bankruptcy does not produce funding, although it can help facilitate it in

emergenciais e temporárias para adequar a LREF aos desafios sem precedentes — parece mais do que evidente que o são e elas serão examinadas mais abaixo —, que sejam feitas, com urgência. Entretanto, como já foi referido, é importante ter bem claros os limites intrínsecos de uma legislação falimentar no que diz respeito à geração de efeitos econômicos mais amplos, os quais só são alcançáveis por medidas econômicas propriamente ditas[47].

5. Os vetores da LREF na crise atual

É inegável que os efeitos da crise gerada pela pandemia da Covid-19 são graves e deletérios para economia. Também é verdade que, em regimes de livre mercado, empresas ineficientes são dragadas para a bancarrota. Logo, se em "condições normais de temperatura e pressão" empresas falecem, é de se esperar que um número ainda maior pereça no decorrer da crise atual (assim como infelizmente muitas pessoas perecerão do vírus ainda que com a adoção de todas as medidas sanitárias disponíveis) — especialmente porque diversos negócios chegaram ao atual momento em condições não ideais, com problemas, inclusive por conta de que a economia nacional já mostrava sinais não muito animadores[48].

important ways. Thus there is no legal reform that will avoid the need for very substantial financing with implications far beyond reorganization procedures. Bankruptcy cannot help unless it can be used in connection with rescue funding." (Westbrook, Lawrence. The Role of Chapter 11 Bankruptcy in Addressing the Consequences of COVID19. *Credit Slips*. Disponível em: <https://www.creditslips.org/creditslips/2020/04/the-role-of-chapter-11-bankruptcy-in-addressing-the-consequences-of-covid19.html>. Acesso em: 18 de maio de 2020.

[47] Sem perder de vista que a LREF continua a demandar reforma definitiva a fim de disponibilizar um ambiente institucional mais adequado e eficiente ao concurso de credores.

[48] No triênio 2014-2016, o Brasil enfrentou uma das principais crises econômicas de sua história, chamada "crise político-econômica". Alguns fatores geraram um vórtice de efeitos nefastos, entre eles: (*i*) o fim do super ciclo das *commodities*; (*ii*) o desajuste nas contas públicas (iniciando uma série histórica de déficits fiscais já em 2014 e que se estende até hoje), com a consequente elevação do risco-país; (*iii*) a equivocada política de incentivar o consumo e de beneficiar setores e companhias específicas ao invés de promover reformas mais profundas que facilitassem o ambiente de negócios (parte da política chamada "Mova Matriz Econômica"); (*iv*) a crise política desencadeada pela operação Lava Jato, que resultou no *impeachment* da presidente Dilma Rousseff e na posse de Michel Temer; (*v*) as incertezas sobre os rumos do País, que diminuíram a propensão para o consumo e para o investimento. Os números são grandiloquentes: (*a*) a queda acumulada no PIB do período foi de apro-

Diz-se da morte que "ela é certa, apenas não se sabe a data" — e da arte que ela "imita a vida". Em 1562, Peter Bruegel[49] finalizou a eloquente pintura "O Triunfo da Morte", na qual um exército de caveiras avança sobre os vivos[50]. O conteúdo moral da obra é o da *morte impiedosa*, que assola a todos, sem distinção de classe ou posição social[51].

ximadamente 7% (-3,5% em 2015 e -3,3% em 2016), resultando nos piores números da História — incluindo os do biênio 1930-1931 (-2,0% e -3,3%, respectivamente), período da Grande Depressão (iniciado com *crash* da Bolsa de Nova York de 1929); (*b*) o desemprego saltou de 6,4% em 2015, para 11,8% e 12,8% em 2016 e 2017, respectivamente; e (*c*) e a inflação rompeu a casa dos 10% em 2015. Foi uma crise exclusivamente nacional, dado que, entre as 15 maiores economias do mundo, além do Brasil, apenas a Rússia apresentou resultado negativo no biênio 2015-2016 (-3,7% e -0,6%, respectivamente) — valendo lembrar que o país sofria sanções econômicas em função da invasão da Criméia (Ucrânia).

[49] Peter Bruegel, o Velho (Breda, 1525-1530 — Bruxelas, 1569), pintor holandês representante da renascença nórdica.

[50] Hoje exposta no Museu do Prado, em Madri.

[51] Tempos em que a lembrança da Peste Negra (1337-1351) ainda estava muito presente, uma recordação sombria acerca da fragilidade do ser humano. "Parece incrível que possamos encontrar coisas em comum com pessoas que viveram há mais de 500 anos, que enfrentaram uma doença com nenhum conhecimento ou tratamento minimamente adequado. Mas nesse domingo, o Papa Francisco caminhou as ruas de Roma, deixadas vazias pelo coronavírus, para visitar a igreja de San Marcello e reverenciar o crucifixo que supostamente protegeu Roma da Praga em 1522". O trecho acima foi publicado no The Guardian no final de março, dá o tom da situação atual. Pois a "a arte imita a vida", e as pandemias deixaram uma marca indelével naquela. A Renascença e a Praga conviveram por 300 anos — após o surto inicial, em 1337, a Praga retornou de tempos em tempos assolando as cidades europeias. Tanto que muitos dos principais artistas do período tiveram, direta ou indiretamente, a sua arte influenciada pela Catástrofe. A temática religiosa em geral (santos, anjos, representações do inferno) é dominante na Renascença por essa e por outras razões (sobre o assunto, ver Fremantle, Richard. *God and money*: Florence and Medici in the Renaissance. Firenze: Leo S. Olschki, 2008). Grandes mestres como Dürer (1471-1528), Caravaggio (1571-1610), Rembrandt (1606-1669) e Ticiano (1485 a 1490-1576) pintaram a Praga, que, no entanto, não foi o único vírus a ser retratado pela arte. Se o "Triunfo da morte" (1562) de Bruegel é uma alusão à Peste Negra, "A família", pintura inacabada de Egon Schiele (1918), revela o pintor, sua mulher e seu filho ainda não nascido, todos mortos pela Gripe Espanhola de 1918 (Edith, grávida de seis meses, morre da gripe, e três dias depois é acompanhada por Schiele). A mesma pandemia acometeu o autor de "O grito", Edvard Munch, que a registrou no seu "Autorretrato depois da Gripe Espanhola (1919)", mostrando um Munch convalescendo dos efeitos a doença. Gustav Klimt (1862-1918), seu contemporâneo, não teve a mesma sorte e sucumbiu acometido pela gripe. Já nos anos 1980, outro vírus ganha os contornos das telas: o HIV/AIDS, retratado por Keith Haring em seu pôster "Ignorância = Medo" (1989), logo após ter sido testado positivo. A ideia transmitida é o medo causado pelo pouco conhe-

O cenário apocalíptico dramatizado pelo pintor holandês tem importantes pontos de conexão com as crises empresariais. Muito embora até o presente momento o nível de letalidade do novo coronavírus não seja comparável com o de outras pandemias registradas[52], a mudança drástica,

cimento acerca da doença, em especial forma de contágio e tratamento. Haring morreu aos 31 anos em 1990.

[52] Para referência, seguem os números das principais pandemias registradas: Peste Negra (1347-1351: 200 milhões de mortes), varíola (1520: 56 milhões de mortes), Gripe Espanhola (1918-1919: 40 a 50 milhões de mortes), Praga de Justiniano (541-542: 30 a 50 milhões de mortes), HIV/AIDS (1981-presente: 25 a 35 milhões mortes), Terceira Praga (1855: 12 milhões de mortes), Praga Antonina (165-180: 5 milhões mortes), Grandes Pragas do Século XVII (1600: 3 milhões mortes), Gripe Asiática (1957-1958: 1 milhão mortes), Gripe Russa (1889-1891: 1 milhão de mortes), Gripe de Hong Kong (1968-1970: 1 milhão mortes), Cólera (1817-1923: 1 milhão mortes), Epidemia Japonesa de Varíola (735-737: 1 milhão mortes), Grandes Pragas do Século XVIII (1700: 600 mil mortes), Gripe Suína (2009-2010: 200 mil mortes), Febre Amarela (final dos anos 1800: 100 a 150 mil mortes), Ebola (2014-2016: 11 mil mortes), MERS (2012-presente: 850) e SARS (2002-2003: 770 mortes). Para relatos e sobre a história das pandemias, ver: Boccaccio, Giovanni. *Decameron*. Porto Alegre: LP&M, 2013; Jedwab, Remi; Noel, Johnson D.; Koyama, Mark. *Pandemics, places, and populations*: evidence from the Black Death. GMU Working Paper in Economics No. 19-04; Ujvari, Stefan Cunha. *História e suas epidemias*. Rio de Janeiro: SENAC Rio, SENAC São Paulo, 2003; Ujvari, Stefan Cunha. *História da humanidade contada pelos vírus, bactérias, parasitas e outros microrganismos*. São Paulo: Editora Contexto, 2012.

ainda que circunstancial, na vida das pessoas em função das medidas de distanciamento social só encontra paralelo em episódios extremos da História[53].

[53] Como o relato da Peste Negra em Florença no ano de 1348, narrado por Giovanni Boccaccio em o "Decameron". Em sua obra prima, também um dos mais importantes documentos históricos sobre a Peste Bubônica, dez jovens fogem de Florença para se refugiar em uma Vila no interior da Toscana, onde celebram a vida e contam as dez histórias — sobre temas como paixão, sexo e infidelidade —, uma por dia, que formam o Decameron (deca, "dez", hemeron, "dias" ou "jornadas"). A narrativa sobre a peste — e a reação das pessoas — lembra alguns episódios vividos nos dias de hoje e evidencia a excepcionalidade do momento atual. Narra Boccaccio: "E, assim como os confins da alegria são ocupados pela dor, as misérias têm seus limites no contentamento que sobrevém". "Digo, pois, que os anos da frutífera encarnação do Filho de Deus já havia chegado ao número 1348 quando, na insigne cidade de Florença, a mais bela de todas as da Itália, ocorreu uma peste mortífera", que "começara alguns anos antes no lado oriental, ceifando a vida de contável número de pessoas, e, sem se deter, continuou avançando de um lugar até se estender desgraçadamente em direção ao ocidente". Os sintomas "começavam com o surgimento de certas tumefações na virilha ou nas axilas de homens e mulheres, algumas das quais atingiam o tamanho de uma maça comum", "e a elas se dava o nome de bubões". Estes "em breve espaço de tempo começavam a nascer e a surgir indiferentemente em todas as outras partes, após o que a qualidade da enfermidade começou a mudar, passando a manchas negras", "indício inegável de morte próxima". "Para tratar tais enfermidades não pareciam ter préstimo nem proveito a sabedoria dos médicos", "seja porque a natureza do mal não admitisse tratamento, seja porque a ignorância" "não permitisse conhecer a sua causa, nem portanto usar o devido remédio, não só eram poucos os que se curavam, como também quase todos morriam nos três dias seguintes ao aparecimento dos sinais". "E a peste ganhou maior força porque dos doentes passava aos sãos que com eles conviviam", "como também as roupas ou quaisquer outras coisas que tivessem sido tocadas ou usadas pelos doentes pareciam transmitir a referida enfermidade". "De tais coisas e de muitas outras semelhantes ou piores originaram-se diferentes medos e imaginações nos que continuavam vivos". "Alguns, considerando que viver na temperança e abster-se de qualquer superfluidade ajudaria muito a resistir à doença, reuniam-se e passavam a viver separados dos outros, recolhendo-se e encerrando-se em casas onde não houvesse nenhum enfermo", "fugindo a toda e qualquer luxúria", "sem querer ouvir notícia alguma de fora", "entretendo-se com música e com os prazeres que pudessem ter". Outros "afirmavam que o remédio infalível para tanto era beber bastante, gozar, sair cantando, divertir-se, satisfazer todos os desejos possíveis, rir e zombar do que estava acontecendo", "passando o dia e a noite ora nesta taverna, ora naquela, bebendo sem regra nem medida, fazendo tais coisas muito mais nas casas alheias"; "era lícito a cada um fazer aquilo que bem entendesse". O "ar todo parecia estar impregnado do fedor dos cadáveres, da doença e dos remédios". "Homens e mulheres abandonaram sua cidade, suas casas, suas propriedades, seus parentes e suas coisas, buscando os campos da sua região ou das alheias". "E, sem contar que um cidadão evitava o outro, que quase nenhum vizinho cuidava do outro e que os parentes raramente ou nunca se visitavam, e só o faziam à distância, era tamanho o pavor", "que um

Uma das tarefas mais árduas pós-Covid-19 será a de divisar as empresas viáveis das inviáveis, bem como aquelas que já estavam fadadas à morte mesmo antes da pandemia daqueles negócios cuja crise decorre diretamente do coronavírus. Isso porque os dois grandes vetores da LREF seguem vigentes, mesmo nesse momento de excepcionalidade: (*i*) preservação da empresa viável e (*ii*) a retirada da empresa inviável do mercado.

A excepcionalidade do momento requer um cuidado redobrado por parte do Judiciário. Embora seja fato histórico inegável que germes foram fator decisivo para a evolução humana[54], a crise atual é um exemplo clássico de cisne negro: evento imprevisível, portanto, inverossímil, causador de impactos extremos. Efetivamente, estava totalmente fora do campo das expectativas comuns que, no atual estágio do desenvolvimento da medicina, uma crise sanitária causasse o estrago gerado pelo novo coronavírus (Covid-19)[55].

A crise em curso impõe novos desafios à prestação jurisdicional; se, de um lado, a relevância do momento gera pedidos urgentes e exige decisões céleres; de outro, o Poder Judiciário enfrenta a dificuldade de fundamentar julgados excepcionais no arcabouço legislativo e princi-

irmão abandonava o outro, o tio ao sobrinho, a irmã ao irmão e muitas vezes a mulher ao marido; mas (o que é quase incrível) os pais e as mães" "os filhos, como se seus não fossem". "Maior era o espetáculo da gente miúda e, talvez, em grande parte da mediana; pois essas pessoas, retidas em casa pela esperança ou pela pobreza", "adoeciam aos milhares". "Os vizinhos percebiam que estavam mortas mais pelo fedor do corpo em decomposição", e "movidos tanto pelo temor" "quanto pela caridade", "tiravam os finados de suas respectivas casas e os punham diante da porta, onde, sobretudo pelas manhãs, um sem-número deles podia ser visto". "Um mesmo caixão podia carregar dois ou três mortos juntos", "vários que continham marido e mulher, dois ou três irmãos, pai e filho, e assim por diante", "a coisa chegara a tal ponto, que quem morria não recebia cuidados diferente dos que hoje seriam dispensados às cabras"; "abriam-se" "enormes valas nas quais os corpos que chegavam eram postos às centenas: eram eles empilhados em camadas". "Que mais se pode dizer" "senão que foi tamanha a crueldade do céu" que "mais de cem mil criaturas humanas perderam a vida dentro dos muros da cidade de Florença". Assim está em: Boccaccio, Giovanni. *Decameron*. Porto Alegre: LP&M, 2013, p. 27-32.

[54] Diamond, Jared. *Armas, germes e aço. Os destinos das sociedades humanas.* 19 ed. Rio de Janeiro: Record, 2017, p. 195 e ss.

[55] A própria "previsibilidade retrospectiva", ou seja, a capacidade de o ser humano explicar o evento após o seu acontecimento, é uma característica do cisne negro. Portanto, o fato de se poderem encontrar justificativas para a possibilidade de ocorrência da pandemia em questão não retira do fenômeno a sua característica de inverossimilhança.

piológico da LREF vigente. A jurisprudência já começa, intuitivamente, a divisar as situações, concedendo beneplácitos excepcionais a empresas que cumprem determinados requisitos e, portanto, apresentam sinais mínimos de viabilidade pré-Covid-19[56]. Em todo e qualquer caso, deve-se evitar que a situação de crise sirva de salvo conduto para decisões judiciais que não encontrem guarida no ordenamento jurídico e que deturpem a sistemática da LREF: é necessário que as decisões respeitem os institutos existentes, devendo-se, ao máximo, buscar preservar a segurança jurídica e evitar o intervencionismo estatal nas relações privadas.

A crise atual não pode, sob pretexto nenhum, servir de escusa para que empresas evidentemente inviáveis se mantenham artificialmente no mercado, assim como o "coronavírus não pode servir como pretexto genérico para o descumprimento de obrigações"[57]. Esse alerta é importante por uma questão simples: nem todas as atividades são afetadas pela crise, ou nem todas são atingidas com a mesma intensidade; igualmente, nem todos os contratos são tocados pelos efeitos da pandemia, devendo, idealmente, sempre se verificar o efetivo impacto no caso concreto.

Não se nega que a gravidade da crise decorrente do isolamento social e a paralisia da economia são inéditos. A economia foi desligada. Mudanças no comportamento social e de consumo das pessoas fizeram com que negócios viáveis se tornassem inviáveis da noite para o dia. Empresas tiveram seu faturamento reduzido a zero ou a uma fração do que era pré-Covid. Outras tantas passarão a operar com receitas abaixo do ponto de equilíbrio, necessitando de ajustes na estrutura de custos. Em razão disso, há que se ter em conta "que o evento extraordinário da pandemia pode levar a liquidação prematura de empresas e a degradação açodada das estruturas econômicas existentes"[58].

Em meio ao caos e a desorganização geral da economia, é preciso ter um cuidado redobrado para que não se percam agentes econômicos criadores de riqueza, pois cada um deles será importante para a recupe-

[56] TJRJ, 5ª Vara Cível da Comarca de Duque de Caxias, processo 0014891-60.2020.8.19.0021, julgador Dra. Maria Daniella Binato de Castro, j. 04/04/2020.

[57] TJSP, 1ª Câmara Reservada de Direito Empresarial, AI 2275464-51.2019.8.26.0000, Rel. Des. Cesar Ciampolini (decisão monocrática), j. 28/04/2020.

[58] TJSP, 1ª Vara de Falências e Recuperações Judiciais da Comarca de São Paulo, processo 1110037-15.2016.8.26.0100, julgador Dr. João de Oliveira Rodrigues Filho, j. 15/04/2020.

ração da economia. E tal significa ter cuidado não só com as empresas devedoras, mas, também, com as credoras, devendo-se levar em consideração que a crise afeta quase que indistintamente a todos os participantes do mercado[59]. Mais do que nunca, as soluções precisam ser equilibradas[60].

[59] No caso da recuperação judicial do grupo Saraiva, as recuperandas ajuizaram agravo de instrumento contra decisão da 2ª Vara de Falências e Recuperações Judiciais da Comarca de São Paulo (da lavra do Dr. Paulo Furtado de Oliveira Filho TJSP, 2ª Vara de Falências e Recuperações Judiciais, processo 1119642-14.2018.8.26.0100, j. 27/04/2020) que determinou a devolução de parte do estoque de livros às editoras, reconhecendo o direito das editorias em reaver a posse dos livros que foram entregues em consignação às agravantes, mas se insurgindo quanto à quantidade de livros a devolver, ao tempo e ao modo de devolução. Em razão disso, as recuperandas requereram a concessão de tutela de urgência antecipada em sede recursal, a fim de alterar as condições para a devolução dos livros estabelecidas na decisão de primeiro grau. A tutela foi parcialmente concedida pelo desembargador Cesar Ciampolini, cuja decisão busca equacionar os interesses das recuperandas, dos credores e os protocolos de prevenção ao contágio da Covid-19. Para tanto, analisa-se detalhadamente a logística da operação das recuperandas, a fim de permitir que a devolução dos livros ocorra de forma célere (a fim de socorrer as editoras, tendo em vista que a crise causada pelo novo coronavírus atinge quase todos os agentes econômicos do mercado, quase que indistintamente, inclusive as editoras, ora agravadas) e segura (para proteger os funcionários das agravantes, considerando que há diversas regras sanitárias em vigor, as quais devem ser também consideradas para que o provimento jurisdicional se torne efetivo). Cf. TJSP, 1ª Câmara Reservada de Direito Empresarial, AI 2085611-86.2020.8.26.0000, Rel. Des. Cesar Ciampolini (decisão monocrática), j. 09/05/2020. Registre-se que tanto a decisão de primeiro grau, quando monocrática de segundo grau, são exemplos da complexidade da crise e uma amostra de que todos são "vítimas dos impactos econômicos da pandemia" (a expressão empregada e a mesma *ratio decidendi* também está em: TJSP, 1ª Câmara Reservada de Direito Empresarial, AI 2067546-43.2020.8.26.0000, Rel. Des. Pereira Calças, j. 14/04/2020) e de como o Judiciário tem demonstrado desenvoltura no encaminhamento das difíceis questões decorrentes da pandemia.

[60] TJSP, 2ª Vara de Falências e Recuperações Judiciais, processo 1119642-14.2018.8.26.0100, julgador Dr. Paulo Furtado de Oliveira Filho, j. 27/04/2020.

CAPÍTULO 2
PRIMEIRAS QUESTÕES ENFRENTADAS PELA JURISPRUDÊNCIA

Passados mais de dois meses do decreto de calamidade pública[61], os Tribunais vêm se desdobrando para cumprir a tarefa de interpretar a LREF à luz da situação de crise gerada pela pandemia do novo coronavírus, apresentando, até o momento, soluções lúcidas e ponderadas no deslinde emergencial das situações que se apresentam[62]. Neste capítulo serão examinados os principais temas já enfrentados pela jurisprudência, valendo repisar que, quanto maior o espaço deixado pelo Legislativo na apresentação de soluções emergenciais para a crise, tanto mais relevante será o papel do Judiciário no endereçamento de saídas para os múltiplos problemas derivados da Covid-19.

1. Serviços essenciais

Em função das regras de distanciamento social e do parcial fechamento da economia, há empresas que estão absolutamente impossibilitadas de cumprir com suas obrigações mais básicas. Daí porque se recomenda cautela no deferimento de medidas de difícil reversão em função do

[61] Decreto Legislativo nº 6 de 20 de março de 2020.

[62] Em que pese também se encontrem decisões que não encontram guarida no ordenamento jurídico e tragam mais insegurança ao cenário de crise.

inadimplemento de obrigações vencidas durante o estado de calamidade que possam agravar a situação de crise.

Há situações delicadas de todos os tipos[63]. O exame da jurisprudência assusta por servir de amostra da extensão e da gravidade da crise enfrentada pelas empresas. Muitos são os relatos de companhias tradicionais com faturamento mensal de centenas de milhões de reais reduzido a quase zero[64]. Se a excepcionalidade do momento permite ao escritor uma breve licença de expressão, registre-se que a sensação que se tem com a leitura dos casos é a de se estar diante de um obituário e não de julgados.

Mas se a morte é inevitável, como retratou Bruegel, há muitas empresas cuja hora ainda não é essa, visto que são negócios viáveis, embora atingidos por um evento extremo de força maior. Daí porque se recomenda moderação no deferimento de medidas que podem selar o seu destino. Entre as medidas com as quais há que se ter cautela estão (*i*) a decretação de falência involuntária, (*ii*) o despejo por falta de pagamento, (*iii*) a retomada de bens dados em garantia, (*iv*) o corte de serviços básicos (*utilities*) como fornecimento de gás, energia e água, bem como (*v*) a

[63] Veja-se o caso de certo grupo de empresas atuante no ramo de reciclagem de alumínio e outros metais, cujos enormes fornos responsáveis pelo processo de fusão dos materiais demandam operacionalidade contínua e ininterrupta, de modo que os metais líquidos sejam assim conservados em altíssimas temperaturas, sob pena de solidificação, em caso de eventual parada prolongada, o que ocasionaria avaria grave e talvez irreversível aos equipamentos. Nesse caso, o corte de energia elétrica poderia paralisar definitivamente o negócio. Cf. TJRJ, 5ª Vara Cível da Comarca de Duque de Caxias, processo 0014891-60.2020.8.19.0021, julgador Dra. Maria Daniella Binato de Castro, j. 04/04/2020. Ou, ainda, o caso da indústria de pescados cujas câmaras frigoríficas e túneis de congelamento deixariam de funcionar em função do corte de luz. Cf. TJSC, 1ª Vara da Comarca de Balneário Piçarras, processo 5002102-19.2020.8.24.0048, julgador Dr. Iolmar, j. 14/04/2020.

[64] TJSP, 2ª Vara de Falências e Recuperações Judiciais da Comarca de São Paulo, processo 1119642-14.2018.8.26.0100, julgador Dr. Paulo Furtado de Oliveira Filho, j. 27/04/2020 (consta que a Saraiva relatou uma queda de 89% de seu faturamento em função do fechamento de 75 lojas); TJSP, 2ª Vara Cível da Comarca de Santa Bárbara D'Oeste, processo 1004884-18.2017.8.26.0533, julgador Dr. Paulo Henrique Stahlberg Natal, j. 24/04/2020 (consta que a Canatiba Têxtil, empresa com aproximadamente 2.100 funcionários, relatou uma queda de quase 100% de seu faturamento).

resolução contratual por cláusulas *ipso facto* e (*vi*) os *covenants* vinculados a fatos influenciados pelas consequências da pandemia[65].

A jurisprudência vem enfrentando o tema. O momento é delicado e o futuro incerto, razão pela qual é essencial preconizar a adoção de medidas parcimoniosas e comedidas. De qualquer sorte, há decisões suspendendo o corte de energia elétrica[66], água[67], gás[68] e a interrupção dos

[65] Observação nº 3 do Relatório do *Turnaround Management Association* — Brasil (TMA Brasil) sobre o PL 1397/2020. Na mesma linha segue a Recomendação 63 do CNJ: "Art. 6º. Recomendar, como medida de prevenção à crise econômica decorrente das medidas de distanciamento social implementadas em todo o território nacional, que os Juízos avaliem com especial cautela o deferimento de medidas de urgência, decretação de despejo por falta de pagamento e a realização de atos executivos de natureza patrimonial em desfavor de empresas e demais agentes econômicos em ações judiciais que demandem obrigações inadimplidas durante o período de vigência do Decreto Legislativo nº 6 de 20 de março de 2020, que declara a existência de estado de calamidade pública no Brasil em razão da pandemia do novo coronavírus Covid-19". Há, ainda, dois projetos de lei tratando do assunto. O PLS 2409 suspende os pedidos de falência ajuizados pelos credores relativamente a obrigações cujos fatos geradores são anteriores a 20 de março e que vençam após essa data (art. 2º, I). O PLS 1199 estabelece que não seja determinado despejo por falta de pagamento (art. 5º, IV).

[66] TJRJ, 1ª Vara de Direito Empresarial da Comarca do Rio de Janeiro, processo 0012633-08.2018.8.19.0002, julgador Dr. Alexandre de Carvalho Mesquita, j. 20/04/2020; TJRS, Vara Regional Empresarial da Comarca de Novo Hamburgo, processo 5001849-39.2019.8.21.0019, julgador Dr. Alexandre Kosby Boeira, j. 30/03/2020; TJRS, 1ª Vara Cível da Comarca de Alvorada, processo 5000713-21.2020.8.21.0003, julgador Dr. Bruno Jacoby de Lamare, j. 05/05/2020; TJRS, 2ª Vara Cível da Comarca de Alvorada, processo 5001134-45.2019.8.21.0003, julgadora Rosângela Carvalho Menezes, j. 20/04/2020; TJRS, Vara Judicial da Comarca de Feliz, processo 5000193-20.2020.8.21.0146, julgadora Dra. Marisa Gatelli, j. 16/04/2020; TJSC, 1ª Vara da Comarca de Balneário Piçarras, processo 5002102-19.2020.8.24.0048, julgador Dr. Iolmar, j. 14/04/2020; TJRS, 1² Vara Judicial da Comarca de Guaporé, processo 5000205-22.2020.8.21.0053 TJRJ, 5ª Vara Cível da Comarca de Duque de Caxias, processo 0014891-60.2020.8.19.0021, julgador Dra. Maria Daniella Binato de Castro, j. 04/04/2020; TJSP, 2ª Vara de Arujá, processo 0002974-50.2015.8.26.0045, julgador Dr. Sérgio Ludovico Martins, j. 25/03/2020.

[67] TJRJ, 1ª Vara de Direito Empresarial da Comarca do Rio de Janeiro, processo 0012633-08.2018.8.19.0002, julgador Dr. Alexandre de Carvalho Mesquita, j. 20/04/2020; TJRS, 1ª Vara Judicial da Comarca de Estrela, processo 5001500-49.2019.8.21.0047, processo Débora Gerhardt De Marque, j. 27/04/2020; TJRS, 2ª Vara Cível da Comarca de Alvorada, processo 5001134-45.2019.8.21.0003, julgadora Rosângela Carvalho Menezes, j. 20/04/2020.

[68] TJRJ, 5ª Vara Cível da Comarca de Duque de Caxias, processo 0014891-60.2020.8.19.0021, julgador Dra. Maria Daniella Binato de Castro, j. 04/04/2020.

serviços de telefonia[69] e internet[70]. Por outro lado, a jurisprudência tem deixado claro que o novo coronavírus não pode servir de salvo-conduto para o descumprimento irrestrito de obrigações[71]. Em especial, recomenda-se seja examinado o histórico de pagamentos da recuperanda para se verificar se vinha adimplindo as faturas anteriormente à crise econômica iniciada pela pandemia, o que é indício de viabilidade e demonstra boa-fé[72], bem como se o pedido não é excessivo ou oportunista[73].

Como já foi mencionado, será preciso divisar as empresas viáveis das inviáveis, bem como verificar a causa-efeito da pandemia nas relações obrigacionais, aplicando-se, então, os institutos existentes no ordenamento jurídico. Há negócios que já estavam fadados à morte mesmo antes da pandemia e também aqueles cuja crise decorre do coronavírus. O parâmetro legal para separação dessas situações está nos vetores da LREF, que seguem vigentes mesmo nesse momento de excepcionali-

[69] TJRS, 1ª Vara Cível da Comarca de Alvorada, processo 5000713-21.2020.8.21.0003, julgador Dr. Bruno Jacoby de Lamare, j. 05/05/2020; TJRS, 1ª Vara Judicial da Comarca de Estrela, processo 5001500-49.2019.8.21.0047, processo Débora Gerhardt De Marque, j. 27/04/2020; TJRS, 2ª Vara Cível da Comarca de Alvorada, processo 5001134-45.2019.8.21.0003, julgadora Rosângela Carvalho Menezes, j. 20/04/2020; TJSP, 2ª Vara Cível da Comarca de Rio Claro, processo 1011207-40.2019.8.26.0510, julgador Dr. Joélis Fonseca, j. 14/04/2020.

[70] TJRS, 1ª Vara Judicial da Comarca de Estrela, processo 5001500-49.2019.8.21.0047, processo Débora Gerhardt De Marque, j. 27/04/2020; TJRS, 2ª Vara Cível da Comarca de Alvorada, processo 5001134-45.2019.8.21.0003, julgadora Rosângela Carvalho Menezes, j. 20/04/2020; TJSP, 2ª Vara Cível da Comarca de Rio Claro, processo 1011207-40.2019.8.26.0510, julgador Dr. Joélis Fonseca, j. 14/04/2020.

[71] TJSP, 1ª Câmara Reservada de Direito Empresarial, AI 2275464-51.2019.8.26.0000, Rel. Des. Cesar Ciampolini (decisão monocrática), j. 30/04/2020; TJRS, Vara Judicial da Comarca de Eldorado do Sul, processo 165/1.18.0001.253-9, julgadora Dra. Flávia Maciel Pinheiro Giora, j. 01/04/2020.

[72] Assim como foi feito em: TJRJ, 5ª Vara Cível da Comarca de Duque de Caxias, processo 0014891-60.2020.8.19.0021, julgador Dra. Maria Daniella Binato de Castro, j. 04/04/2020.

[73] Como, por exemplo, no caso em que a recuperanda pediu uma moratória das contas de luz por 90 (noventa) dias mesmo diante da concessão de diferimento, por 30 (trinta) dias, das contas de março e abril por parte da CPFL, sem a cobrança de multa ou juros. No caso em comento, a julgadora indeferiu o pedido da recuperanda por não o considerar razoável diante das circunstâncias narradas, bem como porque não ficou comprovada queda drástica no seu faturamento. Cf. TJSP, 3ª Vara Cível do Foro de Olímpia, processo 1000167-08.2016.8.26.0400, julgadora Dra. Maria Heloisa Nogueira Ribeiro Machado Soares, j. 28/04/2020.

dade: (*i*) a preservação da empresa viável e (*ii*) a retirada da empresa inviável do mercado.

Repita-se: a atual crise não deve servir de escusa para que empresas evidentemente inviáveis se mantenham artificialmente no mercado nem para a suspensão de obrigações pelo simples fato de se estar encontrando dificuldades no seu cumprimento. Comportamentos oportunistas precisam ser coibidos sob pena de se instaurar o caos no mercado e prejudicar aquelas empresas que realmente merecem auxílio.

Finalmente, há jurisprudência no sentido de que o juiz concursal "não tem competência para apreciar pedidos envolvendo créditos extraconcursais, como é o caso daqueles decorrentes de serviços de água, luz, internet, etc. após o pedido de recuperação judicial", remetendo-se a recuperanda para as vias adequadas para tanto[74]. Sobre esse ponto em particular, é prudente que essas questões sejam analisadas sempre à luz do caso concreto, atentando o juiz para o histórico da recuperanda no adimplemento de suas obrigações, bem como para a sua conduta processual, a natureza da obrigação em discussão e seu impacto na atividade empresarial em crise.

O preceito excepcional deve ser interpretado restritivamente[75], respeitando a circunstância atípica da situação de exceção que motivou o empresário a buscar a tutela do Poder Judiciário. Como regra, portanto, está correto o entendimento de que o juiz concursal não deve se imiscuir em relações contratuais privadas, ainda mais quando não estão sujeitas ao concurso de credores[76], mas não se pode perder de vista que o Superior Tribunal de Justiça já assentou entendimento segundo o qual o juízo concursal possui competência para todos os assuntos que digam respeito ao esforço recuperatório[77].

[74] TJSP, 2ª Vara de Falências e Recuperações Judiciais, processo 1054969-12.2018.8.26.0100, julgador Dr. Marcelo Barbosa Sacramone, j. 30/03/2020.

[75] Maximiliano, Carlos. *Hermenêutica e aplicação do direito.* 19 ed. Rio de Janeiro: Forense, 2009, p. 258.

[76] TJSP, 2ª Vara de Falências e Recuperações Judiciais, processo 1054969-12.2018.8.26.0100, julgador Dr. Marcelo Barbosa Sacramone, j. 30/03/2020.

[77] O STJ já decidiu que é do juízo universal da recuperação judicial a competência para a prática de atos expropriatórios decorrentes de execuções fiscais, sendo vedada a prática de atos que comprometam o patrimônio da recuperanda ou inviabilizem o esforço recuperatório (embora as execuções fiscais não se suspendam). Nesse sentido caminham os Enunciados 11 da Edição 35 e 8 da Edição 37 da Jurisprudência em Teses do STJ. Assim: STJ,

2. Liberação de valores

As medidas de distanciamento social impuseram o fechamento ou a semiparalisação do comércio, da indústria e dos serviços. Houve uma queda abrupta no consumo. Da noite para o dia, muitas empresas tiveram seu faturamento reduzido à praticamente zero. Metaforicamente falando, é como se tivessem "tirado a economia da tomada". Quem possui

2ª Seção, AgRg no CC 129.079/SP, Rel. Min. Antonio Carlos Ferreira, j. 11/03/2015; STJ, 2ª Seção, AgRg no CC 133.509/DF, Rel. Min. Moura Ribeiro, j. 25/03/2015; STJ, 2ª Seção, AgRg no CC 125.205/SP, Rel. Min. Marco Buzzi, j. 25/02/2015; STJ, 2ª Seção, AgRg no CC 136.978/GO, Rel. Min. Marco Aurélio Bellizze, j. 10/12/2014; STJ, 2ª Seção, AgRg no CC 124.052/SP, Rel. Min. João Otávio de Noronha, j. 22/10/2014; STJ, 2ª Seção, EDcl no AgRg no AgRg no CC 118.424/SP, Rel. Min. Paulo de Tarso Sanseverino, j. 10/04/2013; STJ, 2ª Seção, AgRg no CC 130.433/SP, Rel. Min. Sidnei Beneti, j. 26/02/2014; STJ, 2ª Seção, CC 118.819/MG, Rel. Min. Ricardo Villas Bôas Cueva, j. 26/09/2012; STJ, 2ª Seção, CC 116.696/DF, Rel. Min. Nancy Andrighi, j. 24/08/2011; STJ, 2ª Seção, AgRg no CC 105.215/MT, Rel. Min. Luis Felipe Salomão, j. 28/04/2010; STJ, 2ª Seção, AgRg no CC 104.638/SP, Rel. Vasco Della Giustina, j. 10/03/2010; STJ, 2ª Seção, AgRg no CC 136.130/SP, Rel. Min. Raul Araújo, Rel. p/ acórdão Min. Antônio Carlos Ferreira, j. 13/05/2015; STJ, 2ª Seção, AgInt no CC 149.827/RN, Rel. Min. Nancy Andrighi, j. 27/09/2017 STJ, 2ª Seção, AgInt no CC 150.844/GO, Rel. Min. Marco Buzzi, j. 13/09/2017; STJ, 2ª Seção, AgRg no AgRg no CC 120.644/RS, Rel. Min. Massami Uyeda, j. 27/06/2012; STJ, 3ª Turma, REsp 1.166.600/SP, Rel. Min. Nancy Andrighi, j. 04/12/2012; STJ, 2ª Seção, AgRG no AgRG no AgRG no CC 117.184/RS, Rel. Min. Sidnei Beneti, j. 09/11/2011; STJ, 2ª Seção, AgRg no CC 81.922/RJ, Rel. Min. Ari Pargendler, j. 09/05/2007. Nesse sentido o Enunciado 74 da II Jornada de Direito Comercial promovida pelo Conselho da Justiça Federal: "74. Embora a execução fiscal não se suspenda em virtude do deferimento do processamento da recuperação judicial, os atos que importem em constrição do patrimônio do devedor devem ser analisados pelo Juízo recuperacional, a fim de garantir o princípio da preservação da empresa". No âmbito do STJ, a 2ª Seção é a competente para julgar conflitos de competência originados em recuperação judicial, envolvendo execuções fiscais movidas contra empresários e sociedades empresárias, a teor do art. 9º, § 2º, IX, do RISTJ. Assim: Enunciado 16 da Edição 35 da Jurisprudência em Teses do STJ; STJ, 2ª Seção, AgRg no CC 120.643/RS, Rel. Min. João Otávio de Noronha, j. 22/10/2014; STJ, 2ª Seção, AgRg no CC 129.622/ES, Rel. Min. Raul Araújo, j. 24/09/2014; STJ, 2ª Seção, AgRg no CC 124.244/GO, Rel. Min. Massami Uyeda, j. 14/11/2012; STJ, 2ª Seção, AgRg no CC 123.474/DF, Rel. Min. Nancy Andrighi, j. 24/10/2012; STJ, 2ª Seção, AgRg no CC 118.714/MT, Rel. Min. Sidnei Beneti, j. 27/06/2012; STJ, 2ª Seção, AgRg no CC 120.407/SP, Rel. Min. Luis Felipe Salomão, j. 27/06/2012; STJ, CC 138.073/SP, Rel. Min. Paulo de Tarso Sanseverino (decisão monocrática), j. 26/03/2015; STJ, 2ª Seção, AgInt no CC 149.827/RN, Rel. Min. Nancy Andrighi, j. 27/09/2017; STJ, 2ª Seção, AgInt no CC 150.844/GO, Rel. Min. Marco Buzzi, j. 13/09/2017. De qualquer sorte, lembramos do disposto na Súmula 480 do STJ: "O juízo da recuperação judicial não é competente para decidir sobre a constrição de bens não abrangidos pelo plano de recuperação da empresa.".

recursos trata de segurá-los ao máximo; quem não os tem apenas avisa que não há como pagar. É uma crise de liquidez sem precedentes.

Em razão desse cenário, juízos passaram a receber dezenas de pedidos de liberação de valores que estão em poder do Judiciário. Sabe-se que existem bilhões de reais depositados em contas judiciais. São depósitos suspensivos de exigibilidade de tributos, depósitos a título de penhora para embargos, bloqueios cautelares, penhoras online, depósitos recursais trabalhistas, entre muitas outras situações. Em momentos de crise de liquidez como o atual, verificando-se a viabilidade da liberação de recursos subutilizados em contas judiciais, recomenda-se sejam trazidos para a economia o mais rápido possível[78].

Evidentemente não se trata de uma recomendação para que sejam liberados valores sobre os quais recaia alguma dúvida acerca da sua titularidade ou disponibilidade[79]. A recomendação é justamente para que se deem prioridade na análise e decisão acerca dos pedidos de levantamos desses valores[80]. De uma maneira geral, a jurisprudência tem enfrentado,

[78] Nessa linha a recomendação a Recomendação 63 de 2020 do CNJ. Resolve: "Art. 1º. Recomendar a todos os Juízos com competência para o julgamento de ações de recuperação empresarial e falência que deem prioridade na análise e decisão sobre questões relativas ao levantamento de valores em favor de credores ou empresas recuperandas, com a correspondente expedição de Mandado de Levantamento Eletrônico, considerando a importância econômica e social que tais medidas possuem para ajudar a manter o regular funcionamento da economia brasileira e para a sobrevivência das famílias notadamente em momento de pandemia de Covid-19".

[79] TJSP, 1ª Vara de Falências e Recuperações Judicial, processo 1084733-43.2018.8.26.0100, julgador Dr. Paulo Furtado de Oliveira Filho, j. 16/04/2020 (neste julgado, são liberados recursos vinculados a depósitos recursais trabalhistas, mas valores depositados nos executivos fiscais não o são, sob o argumento de que o Fisco não é credor sujeito à recuperação judicial).

[80] Há dois projetos de lei tratando do assunto. O PL 1397 determinava, na sua redação original (art. 13, IV), a liberação "em favor do devedor o montante de 50% (cinquenta por cento) do valor ou do recebível anterior ou posterior ao pedido, independentemente da natureza da garantia, sendo que tal garantia deverá ser recomposta de forma gradual a partir do sexto mês, contado da apresentação do novo pedido, atingindo até o máximo de 36 (trinta e seis) meses". O dispositivo em questão foi suprimido na versão aprovada pela Câmara dos Deputados no dia 21 de maio de 2020. O PLS 1199 estabelece, em seu art. 6º, "Para fins de garantir o pagamento da folha salarial outros encargos e despesas essenciais à manutenção da atividade da empresa, poderá ser determinado pelo Juízo de sua recuperação judicial: I — o levantamento, pelo devedor, de depósitos judiciais em conta vinculada ao juízo de sua recuperação judicial; II — a liberação, em favor do devedor de até 50% (cinquenta por cento) de recebíveis dados em garantia, os quais deverão ser recompostos de forma gradual a partir

com cautela, pedidos de tal ordem, autorizando a liberação de valores para a recomposição do capital de giro[81], para pagamento de salários correntes[82] ou de parcelas do plano[83], mediante comprovação da destinação[84] e fiscalização do administrador judicial[85]. Por outro lado, quando o pedido de liberação é genérico[86] e desprovido de comprovação da necessidade de recursos, a tendência é pela negativa[87]. Nessa linha, já ficou consignado que o novo coronavírus não pode servir como pretexto genérico para a obtenção de beneplácitos excepcionais[88].

do sexto mês posterior à liberação em período máximo de um ano. Parágrafo único. O cumprimento dos fins previstos no caput deverá ser fiscalizado pelo administrador judicial, que fará relatório específico da destinação dos valores excepcionalmente utilizados". No que diz respeito especificamente à liberação de recebíveis, ainda que a intenção seja a de capitalizar a empresa atingida pelos efeitos da pandemia, trata-se de dispositivo polêmico porque trata da liberação de garantias sem que haja certeza de que o devedor conseguirá recompô-las e sem dar o tratamento e a proteção adequada ao credor.

[81] TJSP, 1ª Vara de Falências e Recuperações Judiciais da Comarca de São Paulo, processo 0060326-87.2018.8.26.0100, julgador Dr. João Oliveira Rodrigues Filho, j. 02/05/2020; TJRS, 2ª Vara Cível da Comarca de Bagé, processo 004/1.14.0007868-7, julgadora Dra. Marina Wachter Gonçalves, j. 02/03/2020.

[82] TJRS, Vara Judicial da Comarca de Eldorado do Sul, processo 165/1.18.0001253-9, julgadora Dra. Flávia Maciel Pinheiro Giora, j. 07/04/2020; TJSC, 2ª Vara Cível da Comarca de Caçador, processo 0301182-10.2016.8.24.0012, julgador Dr. Rafael de Araújo Rios Schimitt, j. 20/03/2020.

[83] TJSP, 1ª Vara de Falências e Recuperações Judiciais da Comarca de São Paulo, processo 0060326-87.2018.8.26.0100, julgador Dr. João Oliveira Rodrigues Filho, j. 02/05/2020; TJRS, 2ª Vara Cível da Comarca de Bagé, processo 004/1.14.0007868-7, julgadora Dra. Marina Wachter Gonçalves, j. 02/03/2020.

[84] TJRS, Vara Judicial da Comarca de Eldorado do Sul, processo 165/1.18.0001253-9, julgadora Dra. Flávia Maciel Pinheiro Giora, j. 07/04/2020; TJSC, 2ª Vara Cível da Comarca de Caçador, processo 0301182-10.2016.8.24.0012, julgador Dr. Rafael de Araújo Rios Schimitt, j. 20/03/2020; TJRS, 2ª Vara Cível da Comarca de Bagé, processo 004/1.14.0007868-7, julgadora Dra. Marina Wachter Gonçalves, j. 02/03/2020.

[85] TJSC, 2ª Vara Cível da Comarca de Caçador, processo 0301182-10.2016.8.24.0012, julgador Dr. Rafael de Araújo Rios Schimitt, j. 20/03/2020.

[86] TJMG, 3ª Vara Cível da Comarca de Varginha, processo 5000552-26.2018.8.13.0707, julgadora Dra. Adriana Fonseca Barbosa Mendes, j. 06/05/2020.

[87] TJSP, 2ª Vara de Falências e Recuperações Judiciais da Comarca de São Paulo, processo 1069420-76.2017.8.260100, julgador Dr. Paulo Furtado de Oliveira Filho, j. 18/05/2020; TJSP, 1ª Câmara Reservada de Direito Empresarial, AI 2275464-51.2019.8.26.0000, Rel. Des. Cesar Ciampolini (decisão monocrática), j. 30/04/2020.

[88] TJSP, 1ª Câmara Reservada de Direito Empresarial, AI 2275464-51.2019.8.26.0000, Rel. Des. Cesar Ciampolini (decisão monocrática), j. 30/04/2020.

Por fim, vale ressaltar que, em caso de pedido de liberação de recebíveis de empresas em recuperação judicial, essa cautela na análise deve ser ainda maior, considerando que tais recursos, pela letra da LREF, não estão sujeitos ao regime recuperatório (art. 49, §3º)[89].

3. Suspensão da AGC

Em função da pandemia do novo coronavírus, recomenda-se aos juízes suspender assembleias gerais de credores presenciais[90], autorizando a realização de reuniões virtuais quando necessária para a manutenção das atividades empresariais da devedora e para o início dos pagamentos aos credores.

Aqui, entende-se que não se poderia pensar diferente, pois se trata de uma medida sanitária; tanto a suspensão das assembleias presenciais quanto a possibilidade de realização de assembleias virtuais estão entre as medidas de maior aceitação entre os próprios profissionais da área, aparecendo em recomendação do CNJ, em projetos de lei e na jurisrudência[91].

Em razão das circunstâncias excepcionais, bem como os imperativos de saúde pública, afigura-se absolutamente necessária a suspensão das AGC presenciais até que a pandemia esteja debelada[92]. Em primeiro

[89] Indeferindo pedido nesse sentido, diante da ausência de documentação suficiente para a completa compreensão das operações de crédito, ver: TJSP, 1ª Vara de Falências e Recuperações Judiciais da Comarca de São Paulo, processo 1035022-98.2020.8.26.0100, julgador Dr. Tiago Henriques Papaterra Limongi, j. 20/05/2020.

[90] Para além da suspensão da assembleia, há jurisprudência suspendendo todo e qualquer ato de direito material relacionado ao processo de recuperação judicial: TJRS, 1ª Vara Cível da Comarca de Santana do Livramento, processo 5000208-61.2020.8.21.0025, julgadora Dra. Carmem Lúcia Santos da Fontoura, j. 01/04/2020.

[91] Todavia, é possível encontrar decisão ordenamento a continuação de assembleia geral de credores em razão de o magistrado "não vislumbrar número expressivo de pessoas", não, constituindo, portanto, "aglomeração vedada por deliberação administrativa do Poder Executivo". TJSC, 4ª Vara Cível da Comarca de Lages, processo 0300527-49.2019.8.24.0039, julgador Dr. Leandro Passig Mendes, j. 01/05/2020.

[92] TJRS, Vara de Direito Empresarial, Recuperação de Empresas e Falências da Comarca de Porto Alegre, processo 5024644-59.2020.8.21.0001, julgadora Dra. Giovana Farenzena, j. 11/05/2020; TJSP, 2ª Vara de Falências e Recuperações Judiciais da Comarca de São Paulo, processo 1046198-11.2019.8.26.0100, julgador Dr. Marcelo Barbosa Sacramone, j. 11/05/2020; TJSC, Vara Regional de Recuperações Judiciais, Falências e Concordatas da Comarca Florianópolis, processo 0311501-33.2018.8.24.0023, julgador Dr. Luiz Henrique

lugar, porque não há nenhuma condição de se admitir aglomerações no momento[93]. Em segundo lugar, porque muitas empresas em recuperação, senão a quase totalidade delas, terá de readequar seus planos à nova realidade econômica, certamente bem mais difícil do que a anterior[94]. Projeções de fluxo de caixa feitas pré-Covid-19 terão de ser revisadas e laudos de viabilidade inteiramente revistos. Enfim, há todo um novo trabalho a ser feito e não há como imputar culpa às recuperandas pela não realização da assembleia durante o período de isolamento social. Daí porque a suspensão das AGC se mostra razoável[95].

4. Prorrogação do *stay period*

Por conta das dificuldades de se realizar assembleia presencial, pode restar necessária a extensão do período de proteção (*stay period*) até que se realize o conclave[96]. A prorrogação do *stay period* em função da crise gerada pela pandemia do novo coronavírus é uma das medidas mais recorrentes: está prevista na Recomendação 63 do CNJ[97] e em cinco projetos de lei[98].

Bonatelli, j. 16/04/2020; TJSP, 1ª Vara de Falências e Recuperações Judiciais da Comarca São Paulo, processo 1026155-53.2019.8.26.0100, julgador Dr. Tiago Henriques Papaterra Limongi, j. 16/03/2020; TJRS, Vara Judicial da Comarca de Eldorado do Sul, processo 165/1.18.0001253-9, julgadora Dra. Flávia Maciel Pinheiro Giora, j. 17/03/2020.

93 TJRS, Vara de Direito Empresarial, Recuperação de Empresas e Falências da Comarca de Porto Alegre, processo 5021625-45.2020.8.21.0001, julgador Dr. Gilberto Schäffer, j. 28/04/2020; TJRS, 2ª Vara Cível da Comarca de Sapiranga, processo 5000521-26.26.2019.8.21.0132, julgador Dr. Felipe Só dos Santos Lumertz, j. 21/03/2020.

94 TJRS, Vara de Direito Empresarial, Recuperação de Empresas e Falências da Comarca de Porto Alegre, processo 5021625-45.2020.8.21.0001, julgador Dr. Gilberto Schäffer, j. 28/04/2020.

95 Recomendação 63 de 2020 do CNJ. Resolve: Art. 2º. "Recomendar a todos os Juízos com competência para o julgamento de ações de recuperação judicial e falência que suspendam a realização de Assembleias Gerais de Credores presenciais, em cumprimento às determinações das autoridades sanitárias enquanto durar a situação de pandemia de Covid-19".

96 TJRS, 1ª Vara Cível da Comarca de Rio Grande, processo 5002181-57.2020.8.21.0023, julgadora Dra. Carolina Granzotto, j. 17/04/2020.

97 Na Recomendação 63 de 2020 do CNJ, sugere-se a prorrogação sempre que for necessário o adiamento da assembleia geral de credores, estendendo-se o *stay* até homologação da deliberação da assembleia geral de credores (art. 3º).

98 No PL 1781, admite-se uma prorrogação de mais 180 dias, mas apenas para as recuperações judiciais iniciadas entre 20 de março e 30 de outubro de 2020 (art. 3º). No PL 2070, todos os *stay* deferidos até 20 de março ficam automaticamente prorrogados até 30 de

Porém, a prorrogação do *stay period* é medida excepcional não deve ser concedida de modo indiscriminado. A extensão pode se mostrar necessária quando, efetivamente, o processo vier a sofrer algum atraso em decorrência direta da pandemia. Nesse particular, o Poder Judiciário deve estar atento aos processos de recuperação cujo andamento, por si só, já é lento, para que não se prolonguem indefinidamente.

Diante de um futuro incerto, sobretudo porque não se sabe por quanto tempo as medidas de distanciamento social permanecerão vigentes, os processos de recuperação devem manter seu trâmite o mais regular possível. Assim, caso seja possível a realização da AGC virtual, espera-se que o devedor e o administrador judicial diligenciem para tanto com presteza e efetividade.

5. AGC virtual

Sendo urgente a realização da AGC para a manutenção das atividades da devedora, ou para o início dos pagamentos aos credores, é possível que o encontro seja realizado em ambiente virtual[99].

Imagine-se, por exemplo, que o plano de recuperação preveja a alienação de um ativo importante, capaz de capitalizar a empresa e garantir o seguimento da atividade, bem como o pagamento dos credores. Da mesma forma, pode ser essencial a realização da assembleia para aprovação de plano que permite a constituição ou alienação de UPI[100], viabilizando,

outubro (arts. 3º e 4º). O PL 2373 prorroga todos os *stay* até o fim do estado de calamidade (art. 2º, II, parágrafo único). No PLS 2373, há a previsão de um *stay* de 90 dias pré-edital de processamento da recuperação judicial. A pedido do devedor, a publicação do edital com a decisão do processamento da recuperação judicial poderá ser postergada por 90 dias, a fim de que busque uma negociação extrajudicial com seus credores, hipótese em que o devedor poderá, independentemente da anuência de seus credores, requerer a desistência do pedido de recuperação judicial e a extinção do processo (art. 5º, V). O PLS 1179 estende por 120 dias a suspensão das ações e execuções contra o devedor a contar da sua entrada em vigor (art. 24, II), vendado a decretação de falência a pedido de credor ou por convolação pelo prazo de 180 dias (art. 24, I). O PLS 1199 estabelece que o tempo transcorrido durante a vigência do estado de calamidade não seja computado nos 180 dias de prazo do *stay* (art. 5º, I).

[99] As despesas relacionadas à assembleia virtual devem ser suportadas pelo devedor ou pela massa falida.

[100] TJSP, 1ª Vara de Falências e Recuperações Judiciais da Comarca de São Paulo, processo 1057756-77.2019.8.26.0100, julgador Dr. João de Oliveira Rodrigues Filho, j. 23/03/2020.

nesse último caso, a continuação da empresa nas mãos de outro titular. São hipóteses que justificam a realização do conclave virtual[101].

A assembleia de credores virtual é um daqueles temas que ainda enfrentavam resistência por parte dos profissionais que militam na área. Trata-se, todavia, de uma realidade inescapável; as medidas sanitárias atualmente adotadas — e que vigorarão, em maior ou menor grau, por razoável período — para combater o contágio pela Covid-19 simplesmente são incompatíveis com assembleias presenciais[102]. Assim, devedora e credores deverão se adaptar a essa nova circunstância.

Prova disso é o fato de os diversos projetos de lei em tramitação no Congresso Nacional para a adoção de medidas emergenciais frente à Covid-19 preverem a realização de AGC virtual[103], bem como a crescente jurisprudência acolhendo-a como medida necessária ao prosseguimento dos processos[104].

Não é novidade que processos concursais envolvem interesses múltiplos, dado que são inúmeras as classes afetadas pela crise empresarial (*i.e.*, devedor, credores, às vezes aos milhares, trabalhadores, parceiros comerciais e a própria comunidade na qual está inserida a empresa).

[101] Recomendação 63 de 2020 do CNJ. Resolve: Art. 2º. Parágrafo único. "Verificada a urgência da realização da Assembleia Geral de Credores para a manutenção das atividades empresariais da devedora e para o início dos necessários pagamentos aos credores, recomenda-se aos Juízos que autorizem a realização de Assembleia Geral de Credores virtual, cabendo aos administradores judiciais providenciarem sua realização, se possível".

[102] TJSP, 1ª Vara de Falências e Recuperações Judiciais da Comarca de São Paulo, processo 1057756-77.2019.8.26.0100, julgador Dr. João de Oliveira Rodrigues Filho, j. 23/03/2020; TJRS, 1ª Vara Cível da Comarca de Cachoeirinha, processo 086/1.18.00008145-2, julgadora Dra. Lúcia Rechden Lobato, j. 30/04/2020.

[103] Além da recomendação 63 do CNJ, a assembleia virtual está prevista nos seguintes projetos de lei: PL 1781 (art. 3º), PL 2070 (arts. 3º e 4º), PLS 2373 (art. 8º), PLS 2409 (art. 7º) e PLS 1199 (art. 5º, III). Neste último, está prevista a possibilidade de assembleia presencial caso autorizado pelas autoridades sanitárias locais (art. 7º, §2º).

[104] TJSP, 1ª Câmara de Direito Empresarial, AI 2055988-74.2020.8.26.000, Rel. Des. Alexandre Lazzarini (decisão monocrática), j. 08/04/2020; TJSP, 1ª Vara de Falências e Recuperações Judiciais da Comarca de São Paulo, processo 1057756-77.2019.8.26.0100, julgador Dr. João de Oliveira Rodrigues Filho, j. 23/03/2020; TJRS, Vara de Direito Empresarial, Recuperação de Empresas e Falências da Comarca de Porto Alegre, processo 5020185-14.2020.8.21.0001, julgadora Dra. Giovana Farenzena, j. 01/04/2020; TJRS, 2ª Vara Cível de da Comarca de Cachoeirinha, processo 068/1.1.18.00008145-2, julgadora Dra. Lúcia Rechden Lobato, j. 30/04/2020.

Enquanto a maioria dos processos judiciais envolve os interesses de autor e réu, nas recuperações e nas falências facilmente se contam às centenas ou até aos milhares os envolvidos. Por isso, na seara concursal, incidem com maior intensidade os princípios da celeridade, eficiência e economia processual[105]. A título programático, cumpre a todos os envolvidos no processo, e especialmente ao magistrado, concretizar tais princípios, adotando-se uma perspectiva instrumentalista da jurisdição, afastando-se do formalismo exagerado em prol da efetividade[106].

Ainda que não venha a lume legislação regulando a AGC virtual, não restam dúvidas de que a jurisprudência dará os contornos de como fazê-la, visto que não será possível suspender todas as assembleias por meses a fio, especialmente diante das alternativas existentes[107]. "É verdade que a Lei 11.101/05 não previu a possibilidade de uma AGC se realizar de forma virtual; não é menos verdade, contudo, que há 15 anos, quando da promulgação de tal lei, os meios eletrônicos que hoje proporcionam a viabilidade de isso ocorrer sequer existiam. A lei, pela casuística, pode e deve se adequar à realidade em que é aplicada, não ficando presa à realidade existente quando da sua promulgação"[108].

Evidente que há preocupação com a validade do conclave. Há requisitos formais de convocação, participação, instalação, votação e apro-

[105] Scalzilli, João Pedro; Spinelli, Luis Felipe; Tellechea, Rodrigo. *Recuperação de empresas e falência*: teoria e prática na Lei 11.101/2005. São Paulo: Almedina, 2018, p. 137 ss.

[106] Zanini, Carlos Klein. Capítulo V: Da falência. In: Souza Junior, Francisco Satiro de; Pitombo, Antônio Sérgio A. de Moraes (coord.). *Comentários à Lei de Recuperação de Empresas e Falência.* 2 ed. rev., atual. e ampl. São Paulo: Revista dos Tribunais, 2007, p. 339. Sobre perspectiva instrumentalista, ver: Dinamarco, Cândido Rangel. *A instrumentalidade do processo.* 14 ed. São Paulo: Malheiros, 2009; da mesma forma, ver: Bedaque, José Roberto dos Santos. *Direito e processo* — Influência do direito material sobre o processo. 6 ed. São Paulo: Malheiros, 2011. Ver, também: Alvaro de Oliveira, Carlos Alberto. *Do formalismo no processo civil.* 4 ed. São Paulo: Saraiva, 2010.

[107] TJRS, Vara de Direito Empresarial, Recuperação de Empresas e Falências da Comarca de Porto Alegre, processo 5020185-14.2020.8.21.0001, julgadora Dra. Giovana Farenzena, j. 01/04/2020.

[108] TJRS, Vara de Direito Empresarial, Recuperação de Empresas e Falências da Comarca de Porto Alegre, processo 5020185-14.2020.8.21.0001, julgadora Dra. Giovana Farenzena, j. 01/04/2020. No mesmo sentido: TJSP, 1ª Vara de Falências e Recuperações Judiciais da Comarca de São Paulo, processo 1057756-77.2019.8.26.0100, julgador Dr. João de Oliveira Rodrigues Filho, j. 23/03/2020.

vação das matérias que precisam ser observados[109], ainda que possam passar por alguma adaptação[110]. O método assemblear deve ser respeitado com transparência, segurança e confiabilidade, permitindo-se amplo acesso a todos os que podem dela participar[111] e disponibilizado mecanismo para viabilizar a correção imediata de todo e qualquer problema técnico que venha a existir[112].

[109] Nesse sentido: TJRS, 5ª Câmara Cível, AI 5012242-95.2020.8.21.7000, Rel. Desa. Lusmary Fatima Turelly da Silva (decisão monocrática), j. 07/04/2020 (admitindo a possibilidade de AGC virtual, mas, diante do risco de se verificar vício na convocação, dado que os editais da assembleia presencial já haviam sido publicados e não haveria prazo para novos editais, entendeu prudente cancelar o ato. A decisão merece aplauso, pois, não havendo urgência na realização da AGC, uma discussão em torno da invalidação do conclave poderia se alongar por mais tempo do que o necessário para se preparar, adequadamente, a AGC virtual).

[110] TJSP, 1ª Câmara de Direito Empresarial, AI 2055988-74.2020.8.26.000, Rel. Des. Alexandre Lazzarini (decisão monocrática), j. 08/04/2020 (admitindo a continuação da assembleia da Odebrecht em meio virtual, porém, ajustando a data do conclave para que os credores tenham tempo hábil para examinar o modificativo do plano). TJSP, 1ª Vara de Falências e Recuperações Judiciais da Comarca de São Paulo, processo 1057756-77.2019.8.26.0100, julgador Dr. João de Oliveira Rodrigues Filho, j. 23/03/2020 (Trata-se da recuperação judicial da Odebrecht. A AGC já havia sido instalada. A questão dizia respeito à continuação do conclave anteriormente suspenso. A mudança de AGC presencial para AGC virtual suscitou dúvida sobre a necessidade de publicidade no órgão oficial e em jornal de grande circulação, como ocorre para as convocações ordinárias de assembleia. Diante da suspensão dos prazos processuais e, portanto, da não publicação do Diário de Justiça Eletrônico do Estado, não seria possível publicar no DJe. O julgado entendeu suficiente a publicização da AGC virtual por publicação apenas em jornal de grande circulação). TJRS, Vara de Direito Empresarial, Recuperação de Empresas e Falências da Comarca de Porto Alegre, processo 5020185-14.2020.8.21.0001, julgadora Dra. Giovana Farenzena, j. 01/04/2020 (dispensando a publicação de novos editais e autorizando que o administrador judicial cientificasse, individualmente, todos os credores do ato virtual, dado que se tratava de uma assembleia de credores de pequeno porte).

[111] Há decisões que, por exemplo, não autorizam a realização de AGC virtual em razão da dificuldade de os credores trabalhistas dela participarem e lançarem seus votos. Assim: TJSP, 2ª Vara de Falências e Recuperações Judiciais da Comarca de São Paulo, processo 1110406-38.2018.8.260100, julgador Dr. Marcelo Barbosa Sacramone, j. 22/04/2020; TJSP, 2ª Vara de Falências e Recuperações Judiciais da Comarca de São Paulo, processo 1002197-40.2016.826.0586, julgador Dr. Marcelo Barbosa Sacramone, j. 31/03/2020.

[112] Para um descritivo do rito da AGC virtual, ver o seguinte julgado, referente ao caso Renuka: TJSP, 1ª Vara de Falências e Recuperações Judiciais da Comarca de São Paulo, processo 1099671-48.2015.8.26.0100, julgador Dr. Tiago Henriques Papaterra Limongi, j. 06/05/2020.

A tecnologia é uma aliada do direito, especialmente em tempos de crise. Entende-se, assim, que para a realização da AGC virtual algumas precauções devem ser adotadas; por exemplo, é preciso que todos os participantes sejam devidamente identificados, que seja dada a possibilidade de visualização de todo e qualquer documento apresentado e que o conclave seja devidamente gravado. Cabe ao administrador judicial providenciar que a assembleia virtual assegure uma adequada participação de todos os envolvidos, conferindo segurança ao conclave e garantindo aos credores todos os seus direitos, inclusive o de voz e voto[113]. Ainda, em caso de conclave para exame do plano de recuperação, deve ser permitido à devedora explicar adequadamente suas cláusulas e anexos, bem como assegurado um ambiente para tratativas com os credores, uma vez que assembleia comporta momentos de negociação entre os envolvidos.

Fato é que a assembleia virtual, ainda que não haja previsão legal expressa, é adequada e necessária diante do atual contexto econômico, particularmente porque os processos concursais não podem parar[114]. Também é incontroverso que tal mecanismo de realização da AGC também traz novos desafios, tais como a necessidade de preservar todos os direitos dos participantes, a identificação de potenciais invalidades e abusos de direito, a responsabilização dos agentes encarregados da realização do conclave e a disponibilização de ferramental tecnológico para os participantes, etc. Trata-se, de qualquer sorte, de construção necessária que certamente terá acertos e equívocos, uma vez que o sucesso de sua adoção será medido de acordo com o binômio tentativa e erro.

6. Moratória de plano

Trata-se da suspensão do cumprimento do plano. A crise da Covid-19 paralisou a economia; as empresas, em geral, sofreram reduções drásticas em suas receitas, razão pela qual muitas delas ficaram sem condições de

[113] TJRS, Vara de Direito Empresarial, Recuperação de Empresas e Falências da Comarca de Porto Alegre, processo 5020185-14.2020.8.21.0001, julgadora Dra. Giovana Farenzena, j. 01/04/2020; TJSP, 1ª Vara de Falências e Recuperações Judiciais da Comarca de São Paulo, processo 1057756-77.2019.8.26.0100, julgador Dr. João de Oliveira Rodrigues Filho, j. 23/03/2020.

[114] TJSP, 2ª Vara de Falências e Recuperações Judiciais da Comarca de São Paulo, processo 1014796-02.2019.8.26.0361, julgador Dr. Paulo Furtado de Oliveira Filho, j. 22/04/2020.

cumprir planos de recuperação. Nesse cenário, está-se, não raro, diante de decisões que concedem uma moratória na execução do plano[115-116].

A concessão pura e simples de uma moratória, no entanto, parece exagerada. É indispensável o estabelecimento de filtros mínimos de legitimidade para afastar agentes oportunistas. Por exemplo, parece que a empresa em recuperação deve (*i*) demonstrar redução da sua capacidade de adimplemento em decorrência da pandemia[117-118]; (*ii*) comprovar

[115] TJRS, Vara de Direito Empresarial, Recuperação de Empresas e Falências da Comarca de Porto Alegre, processo 5024818-68.2020.8.21.0001, julgadora Dra. Giovana Farenzena, j. 17/05/2020; TJCE, 1ª Vara de Recuperação de Empresas e Falência, processo 0131447-76.2017.8.060001, julgador Cláudio Augusto Marques de Sales, j. 01/03/2020; TJSP, 2ª Vara Cível de Santa Bárbara D'Oeste, processo 1004884-18.2017.8.26.0533, julgador Dr. Paulo Henrique Stahlberg Natal, j. 24/04/2020; TJRS, 3ª Vara Cível da Comarca de Pelotas, processo 022/1.16.0002591-7, julgador Alexandre Moreno Lahude, j. 03/04/2020;; TJSP, 2ª Vara Arujá, processo 0002974-50.2015.8.26.0045, julgador Dr. Sérgio Ludovico Martins, j, 25/03/2020; TJSP, 1ª Vara Cível da Comarca de Itaquaquecetuba, processo 1006707-50.2016.8.26.0278, julgador Dr. Antenor da Silva Cápua, j. 20/03/2020.

[116] Há projetos de lei tratando do assunto. PL 1397. "Art. 11. As obrigações previstas nos planos de recuperação judicial ou extrajudicial já homologados, independentemente de deliberação da assembleia geral de credores, não serão exigíveis do devedor pelo prazo de 120 (cento e vinte) dias, contados da vigência desta Lei" (redação conforme texto aprovado pela Câmara dos Deputados no dia 21 de maio de 2020). No mesmo sentido o PL 2373 (art. 3º). Já o PL 2070 estabelece a moratória até o dia 30 de outubro de 2020 para as sociedades empresárias que comprovarem queda no faturamento mínima de 40% (art. 5º). Empresas com queda menor poderão requerer a moratória ao juízo da recuperação, o qual, com base nos princípios da razoabilidade e da preservação da empresa, pode ou não deferir a medida (§4º). No mesmo sentido: PL 2070 (art. 5º, *caput* e § 4º); PLS 2373 (art. 3º); PLS 1179 (art. 24, III); PLS 2409 (art. 2º, §2º); PLS 1199 (art. 4º).

[117] Mas não se deve tarifar a crise. Aliás, não se deve estabelecer nenhum critério fixo nesse sentido, pois as empresas são muito diferentes entre si, bem como os setores nos quais elas atuam. Em primeiro lugar, porque empresas possuem pontos de equilíbrio diferentes, não sendo razoável dizer que uma queda de 30% no faturamento justifica a suspensão do cumprimento do plano, mas uma queda de 20% não. Em segundo lugar, porque estabelecer um percentual aleatório não é nada mais do que isso: uma arbitrariedade. Em terceiro lugar, porque é óbvio que uma empresa pode experimentar incremento de receita com perda de margem (veja-se o caso de muitas redes de supermercado, que aumentaram o seu faturamento durante o período de isolamento social, dado que muitas pessoas entenderam prudente estocar comida, mas os produtos mais vendidos foram aqueles de baixa margem — por exemplo, feijão, arroz, óleo — em detrimento de outros de maior valor agregado — como, por exemplo, vinhos, salmão, alimentos industrializados, produtos de bazar). Em quarto lugar, porque também é óbvio para qualquer profissional da área financeira que uma empresa tenha aumento da receita e, ao mesmo tempo, enfrente uma crise financeira

que, até a decretação do estado de calamidade pública, estava cumprindo regularmente com as obrigações do plano[119]; (*iii*) apresentar uma perspectiva de retomada do cumprimento em prazo razoável ou referir que apresentará um modificativo à assembleia geral de credores[120]; e (*iv*) explicar como pretende adimplir com as obrigações de caráter alimentar nele constantes[121].

De qualquer sorte, o mais recomendado é que toda e qualquer alteração do plano de recuperação, inclusive eventual moratória, seja previamente negociada entre devedor e credores, existindo precedentes no sentido de que não é dado ao magistrado usurpar competência que é da assembleia geral de credores[122]. Assim, segundo essa linha, cabe ao devedor apresentar modificativo do plano, cumprindo aos credores

em decorrência da concessão de prazos médios de pagamento aos seus clientes (PMP) que descolam dos prazos de recebimento de seus fornecedores (PMR). Enfim, a lista de argumentos contra a "tarifação da crise" vai ainda mais longe, mas o que se tem aqui já parece suficiente para demonstrar que é preciso muito cuidado ao atrelar a concessão de qualquer auxílio à queda de faturamento ou a qualquer outro critério estático.

[118] Considerando que não houve demonstração da incapacidade de cumprimento do plano e, também por conta disso, negando a suspensão dos pagamentos (moratória de plano): TJSP, 1ª Câmara Reservada de Direito Empresarial, AI 2089216-40.2020.8.26.0000, Rel. Des. Pereira Calças (decisão monocrática), j. 14/05/2020; TJSP, 2ª Vara de Falências e Recuperações Judiciais da Comarca de São Paulo, processo 1030223-51.2016.8.26.0100, julgador Dr. Marcelo Barbosa Sacramone, j. 11/05/2020; TJSP, 1ª Vara de Falências e Recuperações Judicial, processo 1084733-43.2018.8.26.0100, julgador Dr. Paulo Furtado de Oliveira Filho, j. 16/04/2020.

[119] TJSP, 2ª Vara de Falências e Recuperações Judiciais da Comarca de São Paulo, processo 1074027-35.2017.8.26.0100., julgador Dr. Marcelo Barbosa Sacramone, j. 27/03/2020. Por outro lado, levando em consideração o fiel cumprimento do plano até o início da pandemia do coronavírus para considerar a ocorrência de força maior e para conceder a "relativização episódica" do plano e a consequente suspensão dos pagamentos: TJSP, 8ª Vara Cível de São Bernardo do Campo, processo 1024091-12.2014.8.26.0564, julgador Dr. Gustavo Dall'Olio, j. 06/04/2020.

[120] TJSP, 1ª Vara de Falências e Recuperações Judiciais da Comarca de São Paulo, processo 1110037-15.2016.8.26.0100, julgador Dr. João de Oliveira Rodrigues Filho, j. 15/04/2020.

[121] TJSP, 1ª Vara de Falências e Recuperações Judiciais da Comarca de São Paulo, processo 1110037-15.2016.8.26.0100, julgador Dr. João de Oliveira Rodrigues Filho, j. 15/04/2020.

[122] TJSP, 1ª Câmara Reservada de Direito Empresarial, AI 2089216-40.2020.8.26.0000, Rel. Des. Pereira Calças (decisão monocrática), j. 14/05/2020; TJSP, 1ª Câmara Reservada de Direito Empresarial, AI 2067546-43.2020.8.26.0000, Rel. Des. Pereira Calças, j. 14/04/2020 (julgado monocrático que manteve a decisão proferida em 30/03/2020 por Marcelo Barbosa Sacramone no processo 1054969-12.2018.8.26.0100).

deliberar sobre o assunto[123], não se podendo olvidar que eles próprios também são "vítimas dos impactos econômicos da pandemia"[124].

A prevalecer essa orientação, entende-se que, até a assembleia geral de credores validamente deliberar sobre o modificativo, deve-se mitigar os efeitos de eventual descumprimento do plano, evitando-se, assim, a convolação automática da recuperação judicial em falência por força do art. 73, IV, da LREF[125]. Trata-se de medida razoável — desde que seja demonstrado que eventual descumprimento do plano tenha sido causado pelos impactos da pandemia —, tanto que é objeto de recomendação do CNJ[126], além de constar em 6 (seis) projetos de lei que pretendem a modificação emergencial da LREF[127].

De qualquer forma, antes de conceder o beneplácito, importante verificar se a recuperanda vinha ou não cumprindo regularmente com as obrigações constantes no plano de recuperação aprovado, bem como se houve, de fato, redução da capacidade de adimplemento deste por conta

123 TJSP, 2ª Vara de Falências e Recuperações Judiciais, processo 1054969-12.2018.8.26.0100, julgador Dr. Marcelo Barbosa Sacramone, j. 30/03/2020.

124 TJSP, 1ª Câmara Reservada de Direito Empresarial, AI 2067546-43.2020.8.26.0000, Rel. Des. Pereira Calças (decisão monocrática), j. 14/04/2020. O mesmo argumento também restou consignado em: TJSP, 1ª Vara de Falências e Recuperações Judicial, processo 1084733-43.2018.8.26.0100, julgador Dr. Paulo Furtado de Oliveira Filho, j. 16/04/2020 (embora o objeto de análise específico naquele ponto tenham sido os credores extraconcursais prestadores de serviços essenciais). Também nesse sentido: TJSP, 1ª Câmara Reservada de Direito Empresarial, AI 2085611-86.2020.8.26.0000, Rel. Des. Cesar Ciampolini (decisão monocrática), j. 09/05/2020; TJSP, 2ª Vara de Falências e Recuperações Judiciais, processo 1119642-14.2018.8.26.0100, julgador Dr. Paulo Furtado de Oliveira Filho, j. 27/04/2020.

125 TJSP, 2ª Vara de Falências e Recuperações Judiciais da Comarca de São Paulo, processo 1050924-67.2015.8.26.0100, julgador Dr. Tiago Henriques Papaterra Limongi, j. 15/04/2020.

126 Recomendação 63 do CNJ. "Art. 4º, parágrafo único. Considerando que o descumprimento pela devedora das obrigações assumidas no plano de recuperação pode ser decorrente das medidas de distanciamento social e de quarentena impostas pelas autoridades públicas para o combate à pandemia de Covid-19, recomenda-se aos Juízos que considerem a ocorrência de força maior ou de caso fortuito para relativizar a aplicação do art. 73, IV, da Lei nº 11.101 de 9 de fevereiro de 2005".

127 Objetivam mitigar os efeitos do art. 73, IV, da LREF os seguintes projetos de lei: PL 1397 (art. 13, III — conforme texto aprovado pela Câmara dos Deputados no dia 21 de maio de 2020), PL 2070 (arts. 11 e 13, III), PLS 2373 (art. 2º, I), PLS 1179 (art. 24, I), PLS 2409 (art. 3º, *caput* e II) e PLS 1199 (art. 4º, parágrafo único).

da pandemia. Nesse sentido, é importante observar que algumas empresas e setores econômicos — ainda que poucos, é verdade — não sofreram os efeitos da crise, ou ao menos enfrentam menores dificuldades[128].

7. Plano modificativo

O plano de recuperação — judicial ou extrajudicial — é um negócio jurídico e, por conta disso, é evidente que pode ser repactuado[129]. Em alguns casos, pode não haver uma alternativa senão a modificação do plano em face da inviabilidade de cumprimento nas condições aprovadas[130].

A jurisprudência admite amplamente que o devedor apresente, antes da assembleia ou no seu curso, aditivo ao plano de recuperação proposto[131], bem como seja convocada assembleia geral de credores para modificar ou revisar o plano já aprovado e homologado, tendo em vista a alteração das premissas econômicas que o fundamentaram[132]. Assim, a

[128] Embora não seja um norte absoluto, a distinção entre serviços essenciais e não essenciais, utilizada pelas legislações estaduais para parametrizar a abertura de algumas atividades e o fechamento de outras, é um bom ponto de partida.

[129] Scalzilli, João Pedro; Spinelli, Luis Felipe; Tellechea, Rodrigo. *Recuperação de empresas e falência*: teoria e prática na Lei 11.101/2005. São Paulo: Almedina, 2018, p. 332, 463, 536.

[130] TJSP, 1ª Vara de Falências e Recuperações Judiciais da Comarca de São Paulo, processo 1110037-15.2016.8.26.0100, julgador Dr. João de Oliveira Rodrigues Filho, j. 15/04/2020; TJSP, 2ª Vara Cível de Santa Bárbara D'Oeste, processo 1004884-18.2017.8.26.0533, julgador Dr. Paulo Henrique Stahlberg Natal, j. 24/04/2020.

[131] TJSP, Câmara Especial de Falência e Recuperação Judicial, AI 459.929.4/7-00, Rel. Des. Boris Kauffmann, j. 06/12/2006; TJRJ, 14ª Câmara Cível, AI 0039682-69.2014.8.19.0000, Rel. Des. Gilberto Campista Guarino, j. 03/12/2014.

[132] O STJ reverteu decisão do TJSP na recuperação judicial da Parmalat Brasil S.A. — Indústria de Alimentos, autorizando a modificação do plano de recuperação originalmente proposto e aprovado pela assembleia geral de credores, mesmo após o biênio de supervisão judicial, sem que houvesse, no entanto, o encerramento do processo de recuperação judicial por sentença (LREF, art. 63). Segundo a Corte Superior: "Ainda que transcorrido o prazo de até 2 anos de supervisão judicial, não houve, como ato subsequente, o encerramento da recuperação, e, por isso, os efeitos da recuperação judicial ainda perduram, mantendo assim a vinculação de todos os credores à deliberação da Assembleia." (STJ, 4ª Turma, REsp 1.302.735/SP, Rel. Min. Luis Felipe Salomão, j. 17/03/2016). Ver, também: TJRS, 6ª Câmara Cível, AI 70044939700, Rel. Des. Ney Wiedemann, j. 15/12/2011; TJRS, 6ª Câmara Cível, AI 70040733479, Rel. Des. Ney Wiedemann Neto, j. 28/04/2011; e TJSP, Câmara Reservada à Falência e Recuperação, AI 641.937-4/5-00, Rel. Des. Lino Machado, j. 15/12/2009. Nesse sentido, o Enunciado 77 da II Jornada de Direito Comercial promovida pelo Conselho da Justiça Federal: "77. As alterações do plano de recuperação judicial devem ser submetidas

possibilidade de remodelar o plano de recuperação está absolutamente em consonância com os desafios impostos pela pandemia do novo coronavírus[133-134].

Como já exposto em decisão judicial sobre o tema: "Uma guerra, uma revolução, uma pandemia, isso tudo sim é causa de revisão de um contrato e, igualmente, de um plano de recuperação judicial, por sua própria natureza negocial. Nem é preciso invocar-se o princípio da preservação da empresa. A quebra de todas as projeções econômicas por evento absolutamente invencível, bem como a incapacidade de fazer

à assembleia geral de credores, e a aprovação obedecerá ao quórum previsto no art. 45 da Lei n. 11.101/2005, tendo caráter vinculante a todos os credores submetidos à recuperação judicial, observada a ressalva do art. 50, §1º, da Lei n. 11.101/2005, ainda que propostas as alterações após dois anos da concessão da recuperação judicial e desde que ainda não encerrada por sentença".

133 TJSP, 2ª Vara Cível de Santa Bárbara D'Oeste, processo 1004884-18.2017.8.26.0533, julgador Dr. Paulo Henrique Stahlberg Natal, j. 24/04/2020; TJSP, 2ª Vara Cível da Comarca de Rio Claro, processo 1011207-40.2019.8.26.0510, julgador Dr. Joélis Fonseca, j. 14/04/2020.

134 Recomendação 63 do CNJ. "Art. 4º. Recomendar a todos os Juízos com competência para o julgamento de ações de recuperação judicial e falência que podem autorizar a devedora que esteja em fase de cumprimento do plano aprovado pelos credores a apresentar plano modificativo a ser submetido novamente à Assembleia Geral de Credores, em prazo razoável, desde que comprove que sua capacidade de cumprimento das obrigações foi diminuída pela crise decorrente da pandemia de Covid-19 e desde que estivesse adimplindo com as obrigações assumidas no plano vigente até 20 de março de 2020". Também há projetos de lei tratando do assunto: PL 1397. "Art. 12. Fica autorizada a apresentação de novo plano de recuperação judicial ou extrajudicial, tenha ou não sido homologado o plano original em juízo, com direito a novo período de suspensão previsto no art. 6º da Lei nº 11.101, de 9 de fevereiro de 2005, limitado ao período referido no art. 11 desta Lei, sujeitando-se o plano aditado à aprovação pelos credores nos termos do procedimento específico. § 1º Em relação ao plano aditado, será considerado tanto para cálculo de montante a pagar, quanto para cômputo de votos o crédito originalmente detido pelo credor, deduzido dos montantes eventualmente pagos no cumprimento do plano anteriormente homologado. § 2º O plano de recuperação aditado poderá sujeitar créditos posteriores ao anterior pedido de recuperação judicial ou extrajudicial, com exceção dos financiamentos ao devedor realizados mediante expressa anuência do juízo da recuperação judicial" (redação conforme texto aprovado aprovada pela Câmara dos Deputados no dia 21 de maio de 2020). Apresentam dispositivo semelhante ao art. 12 do PL 1397 os seguintes projetos de lei: PLS 1179 (art. 24, IV), PLS 2373 (art. 4º) e PLS 1199 (art. 8º).

frente às obrigações previstas no plano e as despesas correntes das operações, configuram justo motivo para (...) a revisão do plano"[135].

Nesse contexto, deve-se examinar o polêmico "empacotamento" dos créditos pós-RJ. A possibilidade de sujeitar obrigações originadas pós-pedido da recuperação (judicial ou extrajudicial), geradoras de créditos extraconcursais, é, no mínimo, controversa. Em primeiro lugar, a jurisprudência não admite a hipótese[136], sendo cogitada apenas de *lege ferenda*[137].

A rigor, a sujeição a um novo concurso de credores que negociaram com a empresa em recuperação tendo a certeza da extraconcursalidade do seu crédito é juridicamente questionável, além de causar o deletério efeito de minar o mercado de crédito em face da insegurança jurídica criada, talvez arruinando a possibilidade de financiamentos DIP — algo já tão raro no País. Para além do dano sofrido e não precificado, é provável que os credores que eventualmente estejam nessa situação fiquem receosos de negociar com empresas em recuperação judicial, apreensivos que situação semelhante possa ocorrer no futuro[138].

[135] TJSP, 2ª Vara de Falências e Recuperações Judiciais, processo 1119642-14.2018.8.26.0100, julgador Dr. Paulo Furtado de Oliveira Filho, j. 27/04/2020.

[136] Com exceção da seguinte: TJRS, 2ª Vara Cível da Comarca de Cachoeira do Sul, processo 5000869-97.2020.8.21.0006, julgadora Dra. Tamara Benetti Vizzotto, j. 06/05/2020 (que assim decidiu: "defiro a sujeição à Recuperação Judicial dos créditos constituídos após o pedido de recuperação, até o prazo de 30 dias, a contar da decisão, tendo em vista que não é possível se aferir a data de término do isolamento social. Caso contrário, tal pedido deverá ser reiterado pelas requerentes após o término do prazo ora concedido").

[137] Há três projetos de lei tratando do assunto em tramitação no Congresso Nacional: PL 1397. "Art. 12. Fica autorizada a apresentação de novo plano (...). § 2º O plano de recuperação aditado poderá sujeitar créditos posteriores ao anterior pedido de recuperação judicial ou extrajudicial, com exceção dos financiamentos ao devedor realizados mediante expressa anuência do juízo da recuperação judicial" (redação conforme texto aprovado aprovada pela Câmara dos Deputados no dia 21 de maio de 2020)". O PL 2373, em seu art. 4º, apresenta dispositivo semelhante. Da mesma forma, o PLS 1179 (art. 24, IV), porém com detalhamento sobre as regras para a sujeição.

[138] A nova redação dada ao art. 12 do PL 1397 (conforme texto aprovado aprovada pela Câmara dos Deputados no dia 21 de maio de 2020) tenta endereçar o problema do financiamento na recuperação judicial ao proteger o financiador DIP, cuja operação tenha sido autorizada judicialmente. Ocorre que a sugestão não resolve o problema; a um, porque cria solução de afogadilho, que simplifica questão complexa ao delegar para o Poder Judiciário decisão que deveria ser essencialmente dos agentes de mercado (i.e. financiador, devedor e credores), podendo vir a ser posteriormente homologada judicialmente, se houvesse comprometimento de garantia previamente outorgada a terceiro pela sociedade em recupe-

Aqueles que defendem a medida argumentam que a situação gerada pela pandemia da Covid-19 é totalmente excepcional e que tende a não se repetir. Além disso, pragmaticamente, salientam a necessidade de ajustar o endividamento pós-RJ sob pena de inviabilizar a preservação da empresa. A observação nº 7 do Relatório do *Turnaround Management Association* — Brasil sobre o PL 1397/2020 sugere que, se os créditos pós-pedido forem objeto de negociação, seja garantida sua absoluta prioridade — de pagamento de política — sobre os créditos pré-pedido, de forma a não gerar insegurança jurídica sobre suas preferências. De qualquer forma, em função da excepcionalidade da medida e seus potenciais efeitos econômicos, importante ressaltar, mais uma vez, que a sujeição dos créditos pós-pedido não deveria ser admitida pela jurisprudência sem lei que a autorize.

Como veremos a seguir, há uma interessante proposta de dispositivo que, diante da não aprovação do plano em assembleia, submete a convolação da recuperação em falência a uma segunda deliberação da própria assembleia. De acordo com o PL 2373, "a rejeição à aprovação do plano de recuperação judicial, decidida em Assembleia Geral de Credores, não acarreta a imediata decretação e falência do devedor, devendo o administrador judicial submeter aos credores a deliberação sobre eventual convolação da recuperação judicial em falência" (art. 5º, VII).

Na alternativa proposta, a convolação da recuperação judicial em falência em razão da rejeição do plano em assembleia funciona como filtro de viabilidade da empresa. O art. 73, III, da LREF concretiza o princípio da retirada da empresa inviável do mercado, supondo que se os credores preferiram a quebra ao invés da recuperação, trata-se de empresa inviável. O art. 5º, VII, do PL 2373 sujeita o evento da falência a uma espécie de decisão confirmativa da própria assembleia, que pode, segundo

ração; a dois, porque perde a oportunidade de estabelecer um regime de compartilhamento de garantias entre credores e financiadores, além de um sistema hígido de preferências para o recebimento do crédito dentro da própria recuperação judicial, no qual os financiadores, respeitados certos requisitos, estariam em posição de destaque; a três, porque limita o caráter de financiamento dos aporte feitos pelos sócios e sociedades do mesmo grupo às Seções I e II do Sistema de Prevenção à Insolvência; a quatro, porque, ao proteger apenas o financiador DIP, olvida-se que todo parceiro comercial que dá crédito à recuperanda (inclusive na forma de concessão de prazo para pagamento nas compras de mercadorias e serviços) também mereceria proteção da lei.

essa nova sistemática, recusar o plano, mas preferir que a recuperanda não quebre.

Certamente, trata-se de providência de cautela em um cenário de incertezas no qual as empresas estão mais fragilizadas. Em resumo, a empresa poderia tentar se reestruturar, mas, não conseguindo, conseguiria escapar da falência caso os credores julgassem ser ela merecedora de continuar no mercado, ou simplesmente porque não aceitaram os termos da negociação, mas não acreditam ser o caso de falência. Em razão da excepcionalidade do cenário atual, trata-se de medida razoável e que não causaria maiores danos aos credores.

8. Atividade do AJ

Ainda que se discuta a própria constitucionalidade da Recomendação 63 do CNJ, o ponto em que se sugere ao administrador judicial seguir com os trabalhos de fiscalização das atividades da recuperanda de forma virtual e remota parece absolutamente razoável para o momento[139].

Primeiro, porque destaca a importância da fiscalização das atividades da recuperanda. Mesmo que a devedora esteja, eventualmente, com as suas operações paralisadas ou diminuídas, é importante fornecer aos credores informações atualizadas sobre o que se passa com ela e sobre o cumprimento das obrigações correntes, como salários, tributos e obrigações junto aos fornecedores de serviços essenciais, por exemplo[140]. Aliás, em época de pandemia, recomenda-se um contato ainda mais próximo entre administrador judicial e recuperanda, inclusive para que o juízo da recuperação esteja ciente de todo e qualquer fato relevante que possa afetar a recuperação judicial[141].

[139] Recomendação 63 do CNJ. "Art. 5º. Recomendar a todos os Juízos com competência para o julgamento de ações de recuperação judicial e falência que determinem aos administradores judiciais que continuem a realizar a fiscalização das atividades das empresas recuperandas, no termos da Lei nº 11.101 de 9 de fevereiro de 2005, de forma virtual ou remota, e que continuam a apresentar os Relatórios Mensais de Atividades (RMA), divulgando-os em suas respectivas páginas na internet".

[140] É necessário reduzir a assimetria informacional entre o devedor e os credores, sendo que o administrador judicial cumpre um importante papel nisso — devendo a sua atuação não se restringir à mera formalidade, mas sim analisar a substância das operações, especialmente quando endereçados questionamentos por parte dos agentes envolvidos no processo.

[141] Sobre o tema, ver: Japur, José Paulo Dorneles; Marques, Rafael Brizola. *Revisitando as funções do administrador judicial durante a pandemia do COVID-19*. Disponível em: https://

Finalmente, em razão das medidas de saúde pública, essencial que a fiscalização seja feita, majoritariamente, de forma virtual e remota, por meio das diversas ferramentas tecnológicas atualmente existentes[142], não se descartando, respeitadas as medidas sanitárias, a realização de averiguações *in loco* quando o caso concreto recomendar.

www.migalhas.com.br/depeso/324861/revisitando-as-funcoes-do-administrador-judicial-durante-a-pandemia-do-covid-19

142 TJRS, Vara Regional Empresarial a Comarca de Novo Hamburgo, processo 5004881-18.2020.8.21.0019, julgador Dr. Alexandre Kosby Boeira, j. 12/05/2020.

CAPÍTULO 3
AJUSTES EMERGENCIAIS PROPOSTOS NA LEI 11.101/05

Em meio ao caos instalado — crise sanitária, social, econômica e política — e diante do vácuo legislativo momentâneo, verificam-se medidas emergenciais de origem difusa para adaptar o sistema de insolvência à crise da pandemia do novo coronavírus, entre elas a Recomendação nº 63 do CNJ e os projetos-piloto de mediação pré-processual (*v.g.* do TJSP[143] e do TJPR[144]).

Além disso, 8 (oito) projetos de lei com ajustes emergenciais (e, por isso, com vigência temporária) diretos ou indiretos na Lei 11.101/05 tramitam no Congresso Nacional:

- PL 1397 de 2020 (Rel. Dep. Hugo Leal), em tramitação (aprovado na Câmara dos Deputados, aguardando remessa ao Senado Federal).
- PL 1781 de 2020 (Rel. Dep. Domingos de Aguiar Neto), apensado ao PL 1397, em tramitação (Câmara dos Deputados).
- PL 2067 de 2020 (Rel. Dep. Tiago Dimas), apensado ao PL 1397, em tramitação (Câmara dos Deputados).

[143] Provimento CG 11 de 2020.

[144] Decisão NUPEMEC — Núcleo Permanente de Métodos Consensuais de Solução de Conflitos — de 15 de abril, implantado na comarca de Francisco Beltrão (que inclui processos de recuperação judicial em tramitação).

- PL 2070 de 2020 (Rel. Dep. Roberto Alves), apensado ao PL 1397, em tramitação (Câmara dos Deputados).
- PLS 1179 de 2020 (Rel. Sen. Antonio Anastasia), em tramitação (aprovado no Senado Federal e aprovado Câmara dos Deputados).
- PLS 2373 de 2020 (Rel. Sen. Rodrigo Cunha), em tramitação (Senado Federal).
- PLS 1199 de 2020 (Rel. Sen. Álvaro Dias), em tramitação (Senado Federal).
- PLS 2409 de 2020 (Rel. Sen. Confúcio Moura), em tramitação (Senado Federal).

Essas iniciativas se desdobram em 26 (vinte e seis) temas principais, alguns já examinados no Capítulo 2, sendo que os demais, por ainda não terem sido objeto de tratamento jurisprudencial, serão abaixo examinados. Para facilitar a visualização, segue um quadro resumo dos temas e dos respectivos projetos de lei ou recomendações (sendo que alguns deles se encontram agrupados mais de um por item quando da exposição textual).

Tópicos em matéria de recuperação e empresas e falência		
	Relator: "estado da técnica"	**1º comentarista: regulação**
1	Legitimação ativa	PL 1397 (arts. 1º e 2º, §1º, art. 13, I) PLS 2373 (art. 5º, I e VI) PLS 1179 (art. 25 e 26) PLS 2409 (art. 4º, I)
2	Causa de pedir na RJ	PL 1781 (art. 4º)
3	Mitigação de documentos obrigatórios	PLS 2373 (art. 5º, IV)
4	Competência (varas especializadas e hospitais de campanha judiciários)	PL 1781 (art. 2º)
5	Perícia prévia	Recomendação 57 do CNJ
6	Liberação de valores	Recomendação 63 do CNJ (art. 1º) PLS 1199 (art. 6º)
7	Suspensão das AGC / AGC virtual	Recomendação 63 do CNJ (art. 2º); PL 2070 (arts. 3º e 4º) PL 1781 (art. 3º) PL 2373 (art. 8º) PLS 2409 (art. 7º) PLS 1199 (art. 5º, III)

8	Stay period	Recomendação 63 do CNJ (art. 3º) PL 1781 (art. 1º) PL 2070 (art. 2º) PLS 2373 (art. 2º, II, e parágrafo único) PLS 1179 (art. 24, II) PLS 1199 (art. 5º, I)
9	Moratória de plano	PL 1397 (art. 11) PL 2070 (art. 5º, *caput* e § 4º) PLS 2373 (art. 3º) PLS 1179 (art. 24, III) PLS 2409 (art. 2º, parágrafo único) PLS 1199 (art. 4º)
10	Plano modificativo	Recomendação 63 do CNJ (art. 4º) PL 1397 (art. 12) PL 2373 (art. 4º) PLS 1179 (art. 24, IV) PLS 1199 (art. 8º)
11	Sujeição das obrigações pós-RJ ("empacotamento")	PL 1397 (art. 12, §2º) PL 2373 (art. 4º) PLS 1179 (art. 24, IV)
12	Mitigação do art. 73, IV (convolação por descumprimento do plano)	Recomendação 63 do CNJ (art. 4º, parágrafo único) PL 1397 (art. 13, III) PL 2070 (art. 5º, §2º) PLS 2373 (art. 2º, I) PLS 1179 (art. 24, I) PLS 2409 (art. 3º, *caput* e II) PLS 1199 (art. 4º, parágrafo único)
13	Nova deliberação pós-rejeição do plano	PL 2373 (art. 5º, VII)
14	Atividade do AJ	Recomendação 63 do CNJ (art. 5º)
15	Cautela com medidas de difícil reversão	Recomendação 63 do CNJ (art. 6º) PL 1397 (arts. 3º, §º1º, II, "b" e "c") PLS 2409 (art. 2º, I) PLS 1199 (art. 5º, IV)
16	Manutenção de serviços essenciais	Jurisprudência
17	Proteção dos coobrigados e garantidores	PL 2373 (art. 5º, III)
18	Conciliação e mediação	Recomendação 58 do CNJ;
19	Alterações na recuperação judicial de ME/EPP	PL 1397 (art. 14) PL 2373 (art. 6º) PLS 2409 (art. 5º)
20	Alterações na recuperação extrajudicial	PL 1397 (arts. 10 a 13) PLS 2373 (art. 7º, §12)

21	Parcelamento fiscal especial	PL 1781 (art. 5º, parágrafo único) PLS 1199 (art. 7º)
22	Elevação piso para falência	PL 1397 (art. 13, II) PLS 2373 (art. 5º, II)
23	Elisivo para ME/EPP até 31/12	PLS 2373 (art. 17)
24	Subordinação dos créditos tributários	PLS 2373 (art. 17)
25	Suspensão de certos créditos extraconcursais	PLS 1199 (art. 2º)
26	Limitação dos direitos de credores de cias aéreas	PLS 1199 (art. 5º, II)

As iniciativas estão agrupadas nos 9 itens abaixo, sendo que as de números 6 a 16 já foram examinadas no Capítulo 2.

1. Acesso aos regimes de crise

Neste item são examinadas propostas legislativas que ampliam a legitimação ativa para os regimes de crise, bem como facilitam o acesso a eles (incluindo temas como documentação obrigatória que acompanha a petição inicial, descrição da causa de pedir e perícia prévia) de agentes econômicos em geral.

De acordo com o sistema original da LREF, somente empresários e sociedades empresárias, nos termos do art. 966 do Código Civil, sujeitam-se às suas regras. Tem-se, assim, que apenas agentes dedicados ao exercício de atividade empresarial (*i.e.* empresários individuais, sociedades empresárias e EIRELI) podem utilizar a recuperação judicial, a recuperação extrajudicial e se sujeitam à falência (art. 1º da LREF). A despeito disso, observa-se uma ampliação, por construção jurisprudencial, inclusive diante do atual cenário de pandemia, do acesso à recuperação judicial a outros agentes econômicos não empresários, dentre os quais os produtores rurais (ainda que não inscrito há, no mínimo, dois anos na Junta Comercial)[145] e até a associações[146].

[145] A possibilidade de o produtor rural ajuizar pedido de recuperação judicial, bem como a definição de quais créditos podem se sujeitar ao procedimento, foi abordada recentemente pelo Superior Tribunal de Justiça em decisão publicada em fevereiro de 2020. No REsp 1.800.032/MT, a Quarta Turma, por maioria, sedimentou o entendimento de que a comprovação da regularidade do exercício de atividade empresarial pelo período de 2 (dois) anos, prevista no art. 48, caput, da LREF, não exige que tal lapso temporal seja computado apenas

após o registro na Junta Comercial, dado que, mesmo antes do registro ou sem ele, o produtor rural que exerce atividade profissional organizada para a produção de bens e serviços já é empresário. Ainda, restou consignado que não se pode distinguir o regime jurídico aplicável às obrigações anteriores ou posteriores à inscrição do empresário rural na Junta Comercial, ficando também abrangidas pelo pedido de recuperação judicial as obrigações e dívidas contraídas anteriormente ao registro (STJ, 4º Turma, REsp 1.800.032/MT, Rel. Ministro Marco Buzzi, Rel. p/ Acórdão Ministro Raul Araújo, j. 05/11/2019). O julgado, inclusive, foi objeto do Informativo de Jurisprudência do STJ nº 664, cujo destaque foi no seguinte sentido: "O cômputo do período de dois anos de exercício da atividade econômica, para fins de recuperação judicial, nos termos do art. 48 da Lei n. 11.101/2005, aplicável ao produtor rural, inclui aquele anterior ao registro do empreendedor.". No mesmo sentido, os Enunciados 96 e 97 da III Jornada de Direito Comercial promovida pelo Conselho da Justiça Federal: "96. A recuperação judicial do empresário rural, pessoa natural ou jurídica, sujeita todos os créditos existentes na data do pedido, inclusive os anteriores à data da inscrição no Registro Público de Empresas Mercantis." "97. O produtor rural, pessoa natural ou jurídica, na ocasião do pedido de recuperação judicial, não precisa estar inscrito há mais de dois anos no Registro Público de Empresas Mercantis, bastando a demonstração de exercício de atividade rural por esse período e a comprovação da inscrição anterior ao pedido".

[146] O tema é polêmico, embora a jurisprudência esteja se moldando no sentido de permitir que associações sem fins lucrativos ajuízem pedido de recuperação judicial, desde que comprovado o exercício de atividade empresarial pelo período de 2 (dois) anos, nos termos do art. 48, caput, da Lei 11.101/05, conforme se observa nos casos da Aelbra (Associação Educacional Luterana do Brasil), da ASBI (Associação Sociedade Brasileira de Instrução) juntamente com o ICAM (Instituto Cândido Mendes) e da Unimed Norte/Nordeste. No primeiro caso, a Associação Educacional Luterana do Brasil, mantenedora da Universidade Luterana do Brasil (ULBRA), teve o deferimento do processamento de sua recuperação judicial indeferido pelo juízo a quo em maio de 2019. Entendeu-se que, apesar de ter ocorrido a transformação do tipo societário de associação para sociedade anônima de capital fechado no ano de 2018, o registro na Junta Comercial foi efetuado apenas um mês antes do ajuizamento da recuperação judicial. Dessa forma, não restara cumprido, para ajuizamento de ação de recuperação judicial, o requisito do exercício da atividade empresarial pelo biênio exigido na LREF, em seu art. 48 (TJRS, 4ª Vara Cível de Canoas, processo 5000461-37.2019.8.21.0008, julgador Marcelo Lesche Tonet, j. 21/05/2019). Em sede de apelação, o Tribunal de Justiça do Rio Grande do Sul reverteu a decisão, por maioria, concluindo que, mesmo antes da transformação do tipo societário e o registro na Junta Comercial, a instituição já desempenhava atividade empresarial, restando preenchido, portanto, a exigência do exercício desse tipo de atividade pelo prazo mínimo de 2 (dois) anos (TJRS, 6ª Câmara Cível, Apelação Cível 5000461-37.2019.8.21.0008, Rel. Des. Niwton Carpes da Silva, j. 13/12/2019). O entendimento adotado pelo TJRS é semelhante ao que foi utilizado na decisão que deferiu o processamento da recuperação judicial da Associação Sociedade Brasileira de Instrução e do ICAM (Instituto Cândido Mendes, mantenedores da Universidade Cândido Mendes, sendo inclusive referida a decisão do tribunal gaúcho pelo magistrado carioca: embora as instituições não sejam empresárias, ambas exercem atividades econô-

Esse empresário ou sociedade empresária deverá exercer suas atividades há mais de dois anos (art. 48 da LREF). Na linha da ampliação jurisprudencial anteriormente referida, tratando-se de exercício de atividade rural por pessoa jurídica, admite-se a comprovação do prazo de dois anos por meio da Declaração de Informações Econômico-fiscais da Pessoa Jurídica — DIPJ que tenha sido entregue tempestivamente (art. 48, §2º, da LREF).

Ainda, para se valer da recuperação judicial, o devedor não pode ter tido outra recuperação judicial concedida nos últimos 5 (cinco) anos, seja ela ordinária ou pelo plano especial para ME/EPP (art. 45, II e III, da LREF). Finalmente, o devedor não pode se valer da recuperação extrajudicial se pendente pedido de recuperação judicial ou se, nos últimos 2 (dois) anos, tiver sido concedida recuperação judicial ou homologada recuperação extrajudicial (art. 161, §3º, da LREF).

Inicialmente, os projetos em tramitação reduzem os filtros de legitimidade e ampliam o rol de legitimados a utilizar dos regimes de crise já existentes e, também, das alternativas cuja criação está sendo proposta[147]. Na mesma diretriz de flexibilização, as iniciativas legislativas

micas de modo profissional que produzem e fazem circular bens, ainda que sejam de natureza intelectual, com finalidade econômica. Logo, sendo agentes economicamente equiparáveis a empresários, a eles se aplica o instituto da recuperação judicial (TJRJ, 5ª Vara Empresarial, processo 0093754-90.2020.8.19.0001, julgadora Maria da Penha Nobre Mauro, j. 17/05/2020). Por fim, no caso da Unimed Norte/Nordeste, foi deferida a tutela provisória de urgência requerida pela autora para assegurar a viabilidade do procedimento recuperacional, consistente (i) na vedação da venda da carteira da operadora de saúde, liquidação ou portabilidade extraordinária a beneficiários sem autorização judicial; (ii) na determinação para que a Central Nacional Unimed e a Unimed do Brasil não dificultem ou impeçam o atendimento a beneficiários na modalidade de intercâmbio; e (iii) na determinação, como forma de garantir o pagamento dos serviços prestados a beneficiários na modalidade de intercâmbio, para que tais valores sejam depositados integral e mensalmente nos autos do processo (TJPB, Vara de Feitos Especiais da Capital, processo 0812229-78.2020.8.15.2001, julgador Romero Carneiro Feitosa, j. 03/03/2020). Tal decisão foi objeto de agravo de instrumento, o qual foi recebido com efeito suspensivo pelo Tribunal, sob o fundamento de que o instituto da recuperação judicial é destinado somente a empresários e sociedades empresárias, não se aplicando, à primeira vista, às cooperativas, dado que estas não exercem atividades empresárias (TJPB, 2ª Câmara Cível, AI 0801959.81.2020.8.15.0000,Rel. Des. Abraham Lincoln da Cunha (decisão monocrática), j. 30/03/2020). O recurso pende de julgamento.

[147] O PL 1397, ao criar o "sistema de prevenção à insolvência", composto dos regimes jurídicos da (*i*) suspensão legal e da (*ii*) negociação preventiva, possibilita que toda e qualquer

preveem que os empresários devedores que quiserem se valer de nova recuperação judicial ou extrajudicial estão dispensados das cláusulas de barreira dos arts. 48, II e III, e 161, §3º, da LREF, que impõe um lapso temporal mínimo para o uso de novo expediente recuperatório[148].

A proposta de ampliação do uso do sistema de insolvência para os agentes econômicos que exercem atividade econômica é medida salutar, há muito reclamada pela doutrina e que deixa o Brasil mais próximo dos sistemas jurídicos concursais mais avançados, como o dos EUA. Entretanto, no regime estabelecido pelo PL 1397, essa ampliação limita-se às

"pessoa jurídica de direito privado, empresário individual, produtor rural e o profissional autônomo que exerça regularmente suas atividades" se valham desses regimes (redação conforme texto aprovado aprovada pela Câmara dos Deputados no dia 21 de maio de 2020). O PL 1397 tenta simplificar problema complexo. A escolha legislativa não guarda coerência com o sistema vigente e carece de fundamentação jurídica, talvez até de base ontológica. Ao equiparar o agente econômico a todos os entes arrolados no art. 44 do CC (que estabelece, em regime *numerus clausus*, as pessoas jurídicas de direito privado), o PL abre as portas do sistema de insolvência a agentes estranhos à prática empresarial tradicional, tais como, partidos políticos e organizações religiosas. Nada contra a abertura proposta que, aliás, existe em outras jurisdições como os EUA, país em que as organizações religiosas fazem uso da recuperação judicial. Porém, essa abertura pressupõe um debate amplo e organizado entre todos os agentes e usuários do sistema; não pode resultar de uma decisão legislativa sem qualquer fundamentação. De mais a mais, o PL apresenta incoerência ao exigir que o profissional autônomo tenha de exercer regularmente sua atividade para poder fazer uso do sistema emergencial de insolvência, ao passo que o produtor rural poderá fazê-lo sem estar necessariamente regular nos termos do art. 971, CC. O PLS 1179, por sua vez, admite a utilização da recuperação judicial e da recuperação extrajudicial por todas as pessoas jurídicas de direito privado, inclusive associações, fundações e cooperativas (art. 25, I). Por outro lado, segundo o art. 25, II, as pessoas jurídicas não empresárias, terão sua falência decretada apenas nas hipóteses de convolação (art. 73 da LREF) e autofalência (art. 105 da LREF). O mesmo projeto de lei, ainda, possibilita qualquer pessoa natural que exerça atividade econômica em nome próprio, independentemente de inscrição ou da natureza da atividade, possa se valer do plano especial para ME/EPP (art. 26). Em caso de rejeição do plano especial, o juiz não decretará a falência do devedor (art. 26, §3º). No caso de pessoa não empresária, não se aplica falência em qualquer hipótese (art. 26, §2º). O PLS 2373 prevê que os produtores rurais, independentemente de registro na Junta Comercial, poderão requerer recuperação extrajudicial ou judicial bastando comprovar o exercício de atividade econômica por prazo superior a dois anos (art. 5º, VI).

148 Assim o art. 13, I, do PL 1397. No mesmo sentido o PLS 2409 (art. 4º, I). Também nesse sentido o PLS 2373 de 2020 (art. 5º, I) e o PLS 1179 (art. 25, III), porém esse último dispensando os requisitos apenas para a recuperação judicial. Assim, uma empresa que tenha tido seu plano de recuperação aprovado e homologado em 2018, por exemplo, pode pedir nova recuperação judicial em 2020.

medidas de suspensão legal e de negociação preventiva. Mantido o sistema em tramitação, os regimes da recuperação judicial, extrajudicial e da falência permanecem restritos aos devedores empresários, o que parece um equívoco. Quanto ao produtor rural, a ampliação da legitimação ativa está na linha da tendência jurisprudencial.

A sugestão de dispensa do requisito temporal para o pedido de nova recuperação judicial ou nova recuperação extrajudicial ("cláusula de barreira") também parece adequada. Em primeiro lugar, porque alinha o sistema brasileiro com os adiantados, como o estadunidense, em que não há limites ou restrições semelhantes. Em segundo lugar, porque se as regras em questão (arts. 48, II e II, 161, §3º) funcionam como "filtro de viabilidade" — o legislador presume que, se uma empresa precisa fazer uso dos institutos recuperatórios seguidamente, é inviável, portanto precisa ser retirada do mercado — , a excepcionalidade da situação de crise econômica causada pela pandemia do novo coronavírus afasta essa presunção, uma vez que a quase totalidade das empresas está sofrendo os efeitos da crise e podem necessitar dos institutos recuperatórios, independentemente da sua situação econômico-financeira pré-Covid.

Nessa linha, dever-se-ia refletir sobre a possibilidade de ampliar o acesso ao procedimento especial de recuperação judicial para ME/EPP (que, a rigor, deveria ser amplamente revisto, com inclusão de procedimentos de liquidação célere de ativos e *fresh start*), bem como alterar o *caput* do art. 48, para dispensar o devedor do requisito do exercício regular da atividade há mais de 2 dois, exatamente pelos mesmos motivos logo acima examinados.

Para facilitar o acesso aos regimes de crise, há projeto de lei que busca flexibilizar a regra sobre a documentação que acompanha a petição inicial. De acordo com o PLS 2373, "o juiz deferirá o processamento do pedido de recuperação, com seus regulares efeitos, ainda que o pedido não tenha sido instruído com todos os documentos previstos nos incisos II a IX do art. 51" da LREF[149].

A medida é acertada no contexto de crise. Dois fatores justificam a flexibilização da regra sobre a documentação que acompanha a petição

[149] Os quais deverão ser juntados em até 15 (quinze) dias corridos da publicação da decisão que deferiu o processamento da recuperação judicial, sob pena de revogação do processamento do pedido (Art. 5º do PL 2373, IV).

inicial: (*i*) o isolamento social em decorrência da Covid-19, com a paralisação de alguns serviços públicos e privados, pode dificultar acesso a documentos essenciais para instruir o pedido de recuperação; e (*ii*) a paralisação abrupta da economia pode fazer necessária a obtenção dos efeitos da recuperação judicial em prazo extremamente exíguo. Aliás, antes mesmo do advento da pandemia do novo coronavírus, cautelares antecipatórias dos efeitos da recuperação judicial vinham sendo aceitas pelo Judiciário[150]. Com mais razão ainda, medidas que mitigam a regra segundo a qual todos os documentos devem ser apresentados com a petição inicial estão em consonância com a realidade da pandemia[151].

O tema também traz algumas particularidades. Por exemplo, há uma curiosa regra constante em projeto de lei objetivando simplificar a causa de pedir para a ação de recuperação judicial[152], presumindo-se que a

[150] Das decisões judiciais existentes sobre o tema, observa-se que os empresários e sociedades empresárias requerentes intentam, com as cautelares, antecipar os efeitos do *stay period*, dado que a demora na obtenção da documentação exigida pela Lei 11.101/05 pode prejudicar, posteriormente, no esforço recuperatório. A título exemplificativo, pode-se mencionar o caso das recuperandas Petrosul Distribuidora e Comércio de Combustíveis Ltda. e Laima Participações Ltda., analisado pelo TJSP. Na oportunidade, as sociedades empresárias haviam interposto recurso de agravo de instrumento, com pedido de tutela antecipada recursal, contra a decisão de primeiro grau que havia indeferido o requerimento de antecipação dos efeitos do stay period, mesmo diante da ausência da juntada de todos os documentos necessários para a realização da perícia prévia. Foi deferida a tutela antecipada recursal requerida, sob o argumento de que, em observâncias às demais disposições da Lei 11.101/05, não poderiam as agravantes arcarem com o ônus do tempo necessário para a juntada dos documentos necessárias à realização do exame pericial determinado pelo juízo *a quo* (TJSP, 2ª Câmara de Direito Empresarial, AI 2269687-22.2018.8.26.0000, Rel. Des. Grava Brazil (decisão monocrática), j. 17/12/2018). No mesmo sentido: TJRS, 1ª Vara Judicial da Comarca de Tapes, julgador Mauricio da Rosa Avila, j. 19/12/2019 (no caso, a antecipação dos efeitos do stay period ficou limitada a 30 dias, bem como restou deferido o requerimento para que a companhia de energia elétrica se abstivesse de interromper o fornecimento do serviço). Em sentido diverso, restando indeferido o requerimento de antecipação dos efeitos do período de proteção, ver: TJRS, Vara Judicial de Eldorado do Sul, processo 165/1.18.0000921-0, julgador Marcos Henrique Reichelt, j. 21/06/2018; TJMG, AI 0708886-51.2016.8.13.0000, Rel. Des. Bitencourt Marcondes, j. 02/05/2017).

[151] TJMA, 2ª Vara de Balsas, processo 0800876-87.2020.8.10.0026, juiz Dr. Tonny Carvalho Araújo Luz, j. 01/04/2020.

[152] De acordo com a LREF, a petição inicial deve conter a "exposição das causas concretas da situação patrimonial do devedor e das razões da crise econômico-financeira" (LREF, art. 51, I), item que equivale aos fatos (causa de pedir). Esse relato fático (e histórico) não deve ser apresentado na forma de documento anexo, mas sim no corpo da petição inicial, na medida

causa da crise seja a pandemia ocasionada pelo novo coronavírus, de acordo com o art. 4º do PL 1781[153]. Tem-se, aqui, uma proposta de alteração legislativa que em nada contribui para a adequação do sistema concursal à crise gerada pela pandemia. Ainda que se possam presumir as causas da crise da empresa que ajuíza recuperação judicial durante o período de calamidade pública, pelo princípio da transparência e da ampla informação aos credores e aos demais grupos afetados pela crise, é indispensável que haja o detalhamento sobre a forma pela qual a pandemia impactou os negócios do devedor e qual a sua situação patrimonial atual.

Finalmente, há que se examinar a questão envolvendo a perícia prévia. Há recomendação do CNJ segundo a qual se sugere aos juízes que determinem a constatação das reais condições de funcionamento da devedora e da regularidade da documentação que acompanha a petição inicial da recuperação judicial ou extrajudicial[154]. A discussão em torno

em que explica a pretensão do devedor. A redação desse ponto usualmente fica a cargo de profissionais com formação em finanças ou de consultorias especializadas, que podem descrever, de forma mais precisa e técnica, as causas da desagregação econômico-financeira do devedor.

153 "Art. 4º Fica alterado o inciso I, do art. 51, da Lei no 11.101, de 2005, para a seguinte redação: I — a exposição das causas concretas da situação patrimonial do devedor e das razões da crise econômico-financeira, esta presumida, desde que em virtude da pandemia ocasionada pelo novo coronavírus, compreendida no período de 20.03.2020 à 30.10.2020".

154 Recomendação 57 de 2019 do CNJ. Resolve: "Art. 1º Recomendar a todos os magistrados responsáveis pelo processamento e julgamento dos processos de recuperação empresarial, em varas especializadas ou não, que determinem a constatação das reais condições de funcionamento da empresa requerente, bem como a verificação da completude e da regularidade da documentação apresentada pela devedora/requerente, previamente ao deferimento do processamento da recuperação empresarial, com observância do procedimento estabelecido nesta Recomendação". "Art. 2º Logo após a distribuição do pedido de recuperação empresarial, poderá o magistrado nomear um profissional de sua confiança, com capacidade técnica e idoneidade para promover a constatação das reais condições de funcionamento da empresa requerente e a análise da regularidade e da completude da documentação apresentada juntamente com a petição inicial". "Parágrafo único. A remuneração do profissional deverá ser arbitrada posteriormente à apresentação do laudo, observada a complexidade do trabalho desenvolvido". "Art. 3º O magistrado deverá conceder o prazo máximo de cinco dias para que o perito nomeado apresente laudo de constatação das reais condições de funcionamento da devedora e de verificação da regularidade documental, decidindo, em seguida, sem a necessidade de oitiva das partes". "Art. 4º A constatação prévia consistirá, objetivamente, na análise da capacidade da devedora de gerar os benefícios mencionados no art. 47, bem como na constatação da presença e regularidade dos requisitos e documentos previstos

da chamada "perícia prévia" ou "constatação prévia" é polêmica e não encontra espaço neste pequeno ensaio. Cabe, no entanto, tecer alguns comentários o que diz respeito à adequação da perícia prévia ao cenário de pandemia.

Em primeiro lugar, em razão das medidas de distanciamento social, a constatação prévia em si, *in loco*, parece não ser adequada. Em segundo lugar, a demora, ainda que de poucos dias, para a realização da constatação prévia e para a apresentação do laudo pode ser demasiada para as premências do momento: o requerente da recuperação pode precisar de proteção imediata. Em terceiro lugar, a constatação prévia busca averiguar "as reais condições de funcionamento da empresa requerente", mas é possível que, em função da pandemia e das medidas sanitárias de distanciamento social, o devedor sequer esteja em operação. Em quarto lugar, feita uma descrição detalhada da situação da empresa na petição inicial — é de se presumir que seja verdadeira —, deve ser considerada suficiente para atestar suas reais condições de funcionamento — e, de qualquer forma, a descrição está sujeita a verificação posterior pelo administrador judicial. Em quinto lugar, e talvez mais relevante, a premência da obtenção do *stay period* justifica a suficiência do exame ordinariamente feito pelo magistrado[155].

2. Competência

Trata-se de estabelecer a competência de varas especializadas para ações da LREF de maior expressão econômica. De acordo com o art. 3º da LREF, é competente o juízo do principal estabelecimento. O PL 1781 propõe estabelecer a competência de varas especializadas de direito empresarial regionais para ações de recuperação judicial, extrajudicial ou falência com passivo superior a R$ 500.000,00 (quinhentos mil reais). Inexistindo vara regional especializada, a competência será do juízo da

nos artigos 48 e 51 da Lei no 11.101/2005". "Art. 5º Não preenchidos os requisitos legais, o magistrado poderá indeferir a petição inicial, sem convolação em falência". "Art. 6º Caso a constatação prévia demonstre que o principal estabelecimento da devedora não se situa na área de competência do juízo, o magistrado deverá determinar a remessa dos autos, com urgência, ao juízo competente".

[155] E até possa ser complementada a documentação em momento posterior, mediante a concessão de prazo adequado, caso se demonstre que as medidas de distanciamento social inviabilizaram a coleta da mesma.

capital do Estado ou do Distrito Federal onde se localizar o principal estabelecimento do devedor.

As matérias da LREF são complexas e merecem sejam examinadas por juízes especializados. Ademais, como os interesses envolvidos são múltiplos, a especialização pode atender aos imperativos dos princípios da celeridade, eficiência e economia processual. Os princípios em questão prescrevem que as normas procedimentais sejam aplicadas e interpretadas de modo a privilegiar a condução ágil, adequada e econômica dos regimes falimentar e recuperatórios[156]. Um processo demorado está na contramão da necessidade de preservação da empresa, dos bens do devedor, inclusive dos intangíveis envolvidos na exploração da atividade empresarial.

Verificando-se a criação das varas regionais especializadas, parece, no entanto, que todos os processos concursais, independentemente do valor envolvido, devessem para lá ser direcionados.

Finalmente, uma discussão relevante, que não consta das propostas legislativas, é o estabelecimento de medidas emergenciais para a criação de "hospitais de campanha" ("forças-tarefa") judiciários para lidar com o volume de ações concursais ajuizadas depois da decretação do estado de calamidade. A depender do volume de pedidos, essa alternativa pode vir a ser necessária. Ao menos esse parece um tema passível de solução administrativa por parte dos Tribunais.

3. Mediação e conciliação

Trata-se da possibilidade de adoção de métodos autocompositivos para a solução de conflitos, reduzindo a litigiosidade decorrente da crise gerada pela pandemia do novo coronavírus.

O Código de Processo Civil estimula a solução consensual de conflitos (art. 3º, §§2º e 3º). Ainda, o art. 165 do CPC estabelece que "Os tribunais criarão centros judiciários de solução consensual de conflitos, responsáveis pela realização de sessões e audiências de conci-

[156] É senso comum que a gestão do processo interfere diretamente no seu custo financeiro. Essa é uma realidade ainda mais presente nos processos concursais. Sobre o tema, ver: Costa, Daniel Carnio. O novo método da gestão democrática de processos de insolvência. In: Cerezetti, Sheila C. Neder; Maffioletti, Emanuelle Urbano (coord.). *Dez anos da Lei nº 11.101/2005*: estudos sobre a Lei de Recuperação e Falência. São Paulo: Almedina, 2015, p. 66-81.

liação e mediação e pelo desenvolvimento de programas destinados a auxiliar, orientar e estimular a autocomposição".

Nesse sentido, a recomendação 58 do CNJ, anterior à crise da Covid-19, já indicava a todos os magistrados com competência para as ações da LREF o uso da mediação, "de forma a auxiliar a resolução de todo e qualquer conflito entre o empresário/sociedade, em recuperação ou falidos, e seus credores, fornecedores, sócios, acionistas e terceiros interessados no processo" (art. 1º)[157].

[157] Recomendação 58 do CNJ. "Art. 1º. Recomendar a todos os magistrados responsáveis pelo processamento e julgamento dos processos de recuperação empresarial e falências, de varas especializadas ou não, que promovam, sempre que possível, nos termos da Lei no 13.105/2015 e da Lei no 13.140/2015, o uso da mediação, de forma a auxiliar a resolução de todo e qualquer conflito entre o empresário/sociedade, em recuperação ou falidos, e seus credores, fornecedores, sócios, acionistas e terceiros interessados no processo. Art. 2º. A mediação pode ser implementada nas seguintes hipóteses, entre outras: I — nos incidentes de verificação de crédito, permitindo que devedor e credores cheguem a um acordo quanto ao valor do crédito e escolham um dos critérios legalmente aceitos para atribuição de valores aos bens gravados com direito real de garantia, otimizando o trabalho do Poder Judiciário e conferindo celeridade à elaboração do Quadro Geral de Credores; II — para auxiliar na negociação de um plano de recuperação judicial, aumentando suas chances de aprovação pela Assembleia Geral de Credores sem a necessidade de sucessivas suspensões da assembleia; III — para que devedor e credores possam pactuar, em conjunto, nos casos de consolidação processual, se haverá também consolidação substancial; IV — para solucionar disputas entre os sócios/acionistas do devedor; V — em casos de concessionárias/permissionárias de serviços públicos e órgãos reguladores, para pactuar acerca da participação dos entes reguladores no processo; e VI — nas diversas situações que envolvam credores não sujeitos à recuperação, nos termos do § 3o do art. 49 da Lei no 11.101/2005, ou demais credores extraconcursais. § 1º. É vedada a mediação acerca da classificação dos créditos. § 2º. O acordo obtido por meio de mediação não dispensa a deliberação por Assembleia Geral de Credores nas hipóteses exigidas por lei, nem afasta o controle de legalidade a ser exercido pelo magistrado por ocasião da respectiva homologação. Art. 3º. Sem prejuízo da mediação extrajudicial, o magistrado poderá, a qualquer tempo do processo, nomear mediador, a requerimento do devedor, do administrador judicial ou de credores que detenham percentual relevante dos créditos do devedor, para quaisquer questões atinentes à coletividade de credores, ou a requerimento do devedor, do administrador judicial e de credor individual, para os casos de verificação de créditos. § 1º. O mediador poderá ser nomeado de ofício nos casos em que o magistrado entender útil para que o processo se desenvolva de maneira mais eficiente. § 2º. Para exercer a função, além da qualificação para o atuar como mediador, o profissional deverá ter experiência em processos de insolvência e em negociações complexas com múltiplas partes, podendo tais requisitos serem dispensados na hipótese de nomeação por consenso entre as partes ou de nomeação de um comediador que possua referida experiência. § 3º. O autor do requerimento para instauração da mediação poderá indicar até

Considerando a possibilidade da judicialização em massa dos conflitos envolvendo questões empresariais diretamente relacionados à pandemia, o Tribunal de Justiça de São Paulo criou, por meio do Provimento CG 11 de 2020[158], o projeto piloto de conciliação e mediação

três nomes para exercer a função de mediador, cabendo à contraparte, caso aceite, escolher um dos nomes, que deverá ser nomeado pelo magistrado. Na hipótese de serem múltiplas as contrapartes, o magistrado deverá verificar se há consenso sobre um dos nomes indicados pelo requerente, fazendo a respectiva nomeação. § 4º. Não havendo consenso na escolha do mediador, o magistrado deverá oficiar a um Centro de Mediação que tenha lista de profissionais habilitados a exercer a função nos processos de que trata esta Recomendação para que indique um mediador apto para atuar em tais processos. § 5º. Na hipótese do § 4º deste artigo, não havendo o Centro de Mediação ou não sendo feita qualquer indicação ou, ainda, se feita a nomeação, esta for recusada por uma das partes (nas medições bilaterais) ou pelo devedor e/ou credores com volume de créditos relevantes (nas mediações plurilaterais), caberá ao magistrado fazer a nomeação a sua livre escolha, podendo acolher um dos nomes indicados pelas partes. § 6º. Não existindo motivos para impedimento ou suspeição, o mediador que aceitar a sua designação poderá sugerir às partes e ao magistrado, conforme o caso, a nomeação de um ou mais comediadores e/ou a consulta a técnicos especializados, sempre em benefício do bom desenvolvimento da mediação, considerando a natureza e a complexidade do caso ou o número de procedimentos de verificação de créditos em que deverá atuar. § 7º. O mediador exercerá suas funções com autonomia, inclusive quanto aos procedimentos a serem adotados nas sessões de mediação, devendo respeitar a legislação e padrões éticos, além de manter a confidencialidade das informações a que tiver acesso e que não sejam públicas. § 8º. Nas mediações plurilaterais, os honorários do mediador deverão ser custeados pelo devedor e, nas mediações bilaterais, deverão ser repartidos entre as partes, salvo, em qualquer caso, se as partes pactuarem de forma diversa. § 9º. Não serão devidos honorários ao mediador na realização da primeira sessão de mediação, caso essa se revele desde logo inviável, cabendo ao devedor, nessa hipótese, reembolsar o mediador pelas despesas incorridas e previamente aprovadas. Art. 4º. A mediação poderá ser presencial ou o on-line por meio de plataformas digitais, quando justificada a utilidade ou necessidade, especialmente nos casos em que haja elevado número de participantes e credores sediados no exterior, cabendo ao mediador ou ao Centro de Mediação prover os meios para a sua realização. Art. 5º. A mediação deverá ser incentivada em qualquer grau de jurisdição, inclusive no âmbito dos Tribunais Superiores, e não implica a suspensão ou interrupção do processo e dos prazos previstos na Lei no 11.101/2005, salvo consenso entre as partes ou deliberação judicial. Art. 6º. Os magistrados não deverão atuar como mediadores, sendo vedada ao administrador judicial a cumulação das funções de administrador e mediador. Parágrafo único. A possibilidade de realização de mediação não impede que o magistrado ou o administrador judicial conduzam tentativas de conciliação e negociação".

158 CONSIDERANDO a declaração pública de pandemia da OMS em relação à Covid-19, de 11 de março de 2020, bem como o Decreto Legislativo nº 6, de 20 de março de 2020, que declara a existência de estado de calamidade pública no Brasil; (...). RESOLVE: "Art. 1º. Criar projeto-piloto de conciliação e mediação pré-processuais para disputas empresariais

decorrentes dos efeitos da Covid-19, destinado a empresários e sociedades empresárias, nos termos do artigo 966 do Código Civil, e demais agentes econômicos, desde que envolvidos em negócios jurídicos relacionados à produção e circulação de bens e serviços. Art. 2º. A parte interessada formulará requerimento por e-mail institucional (cerde@tjsp.jus.br), que conterá o pedido e a causa de pedir, relacionada às consequências da pandemia da Covid-19, observada, ainda, a competência das Varas Empresariais e de Conflitos de Arbitragem da Capital do Estado de São Paulo. Art. 3º. A fim de permitir a adequada identificação dos envolvidos e aferição da legitimidade, o pedido deverá ser acompanhado da qualificação completa das partes, dos documentos pessoais e/ou atos constitutivos atualizados da parte-autora, dos e-mails de contato e dos demais documentos essenciais ao conhecimento da demanda. Art. 4º. Recebido o pedido, será designada audiência de conciliação, intimando-se as partes pelos e-mails indicados no requerimento inicial, cabendo à autora providenciar o devido encaminhamento e ciência à parte contrária. Art. 5º. A audiência será designada para no máximo 7 (sete) dias a partir do protocolamento do pedido e será instalada por juiz de direito participante do projeto, que identificará individualmente cada uma das partes a partir dos documentos indicados no art. 3º, apresentará o objetivo do procedimento pré-processual e iniciará o procedimento de conciliação. Se infrutífera a conciliação, o expediente será encaminhado a um mediador, escolhido de comum acordo pelas partes, ou designado pelo magistrado, caso não obtido consenso. A nomeação observará os termos dos artigos 165 a 175 do Código de Processo Civil e o disposto no artigo 5º da Lei nº 13.140/2015, devendo o mediador informar, antes da aceitação da função, qualquer fato ou circunstância que possa suscitar dúvida em relação à sua imparcialidade para mediar o conflito, podendo, se for o caso, ser recusado por qualquer das partes ou substituído por decisão do juiz responsável. Art. 6º. O mediador designado para o ato deverá estar devidamente cadastrado e habilitado para a função, com experiência na matéria objeto do litígio empresarial, e integrar o Cadastro de Mediadores e Conciliadores de 1ª Instância do Portal dos Auxiliares da Justiça do Tribunal de Justiça do Estado de São Paulo, devendo ser notificado por e-mail da nomeação. Art. 7º. O procedimento de mediação observará o disposto nos artigos 14 e seguintes da Lei nº 13.140/2015, bem como a Resolução nº 809/2019 do Órgão Especial do Tribunal de Justiça do Estado de São Paulo. Art. 8º. A audiência de conciliação ou sessão de mediação serão realizadas por meio do sistema Microsoft Teams, disponibilizado pelo Tribunal de Justiça do Estado de São Paulo. Art. 9º. Será lavrada ata da audiência ou sessão, devidamente assinada de forma digital pelo juiz responsável, pelo mediador designado, se for o caso, bem como pelos procuradores das partes. O acordo será homologado pelo juiz, constituindo título executivo judicial, que será disponibilizado às partes, no prazo de até 3 dias da realização da audiência. Art. 10º. O servidor responsável, a ser indicado pelos juízes responsáveis pelo projeto-piloto, providenciará o controle dos pedidos apresentados e das audiências realizadas, arquivando em pasta eletrônica própria os termos de audiência e demais decisões, bem como registrando em planilha eletrônica os pedidos recebidos, tudo para garantir o cumprimento do disposto nos artigos 13 e 14 da Resolução CNJ nº 125/2010. Art. 11. O projeto-piloto funcionará até 120 (cento e vinte) dias após o encerramento do "Sistema Remoto de Trabalho", instituído no Provimento CSM nº 2.549/2020. Encerrado tal período, será avaliada por esta Corregedoria Geral da Justiça a viabilidade de sua prorrogação, com integração e

pré-processuais, sendo provável que a iniciativa seja reproduzida em outros estados[159].

Não parece haver dúvidas de que a pandemia do novo coronavírus ocasionará uma avalanche de demandas judiciais, sobrecarregando ainda mais o Poder Judiciário. Se isso se materializar, será preciso achatar a curva da judicialização para não transformar uma crise sanitária, que já se transformou em crise econômica, em uma crise judiciária.

Dentre todos os mecanismos analisados com esse propósito, a institucionalização de projetos de conciliação e mediação, conduzidos por profissionais especializados, especialmente alocados em centros capacitados e dotados de recursos humanos e materiais, com o uso de tecnologia para a realização de sessões virtuais, parece ser a melhor alternativa.

Em primeiro lugar, porque se trata de alternativa não compulsória, ao contrário da suspensão legal prevista no PL 1397, de caráter geral, automático e temporário, cujos efeitos econômicos adversos podem perturbar ainda mais a economia. Em segundo lugar, porque a conciliação e a mediação estão em vias de consolidação na tradição jurídica brasileira, ao passo que a suspensão legal se trata de um regime jurídico novo, cujos efeitos são, no mínimo, imprevisíveis, além de potencialmente deletérios. Em terceiro lugar, porque as medidas adotadas devem estimular a preservação dos contratos e as soluções negociadas, o que se atinge mais adequadamente com a conciliação e a mediação.

Finalmente, considerando os efeitos da judicialização em massa das disputas envolvendo questões empresariais diretamente relacionadas à

submissão ao sistema já existente do NUPEMEC, conforme as regras vigentes deste. Art. 12. O projeto-piloto, no prazo instituído no artigo anterior, será conduzido pelos Juízes de Direito Renata Mota Maciel, Paulo Furtado de Oliveira Filho e Maria Rita Rebello Pinho Dias, sem prejuízo da adesão voluntária de outros magistrados da Capital com atuação na área empresarial, sob supervisão desta Corregedoria Geral da Justiça, sem qualquer ônus financeiro para o Tribunal de Justiça. As audiências serão realizadas conforme cronograma a ser estabelecido consensualmente pelos próprios magistrados responsáveis, preferencialmente no período matutino, a fim de não prejudicar as atividades regulares dos participantes em suas respectivas varas judiciais. Art. 13. Este provimento entra em vigor na data de sua publicação. São Paulo, 17 de abril de 2020".

[159] O Tribunal de Justiça do Paraná adotou projeto semelhante via decisão NUPEMEC — Núcleo Permanente de Métodos Consensuais de Solução de Conflitos, de 15 de abril, implantado na comarca de Francisco Beltrão (que inclui processos de recuperação judicial em tramitação).

pandemia, é possível que os Tribunais criem "hospitais de campanha", institucionalizando mecanismos de autocomposição, sistema que deve funcionar em caráter complementar às práticas difusas de conciliação e mediação.

4. Coobrigados e garantidores

Trata-se de medida protetiva dos coobrigados e garantidores de empresas em *distress* em função da pandemia do novo coronavírus. Em resumo, o art. 49, §1º, da LREF estabelece que os credores do devedor em recuperação judicial conservam seus direitos e privilégios contra os coobrigados, fiadores e obrigados de regresso. O PLS 2373 (art. 5º, III) e o PLS 2409 (art. 4º, II), por sua vez, determinam a liberação dessas figuras[160]. O PLS 1397, aprovado pela Câmara dos Deputados, veda a realização de excussão judicial ou extrajudicial de garantias fidejussórias e coobrigações durante o prazo de vigência das Seções I e II do Sistema de Prevenção à Insolvência.

A ideia que subjaz é proteger os coobrigados e garantidores da recuperanda durante a pandemia da Covid-19 do praticamente certo inadimplemento das obrigações pelas quais se responsabilizam ou garantem. Vale dizer, a crise que atinge a empresa deixará vulneráveis coobrigados e garantidores.

A motivação é simpática, mas muito perigosa. Reformas emergenciais e temporárias não devem alterar institutos consagrados e em vias de pacificação jurisprudencial, muito menos subverter o sistema de garantias. Trata-se de norma que não deveria ser aprovada. Ademais, ainda mais perniciosa é a suspensão da execução de garantias sem que seja exigida qualquer vinculação à pandemia, sem exigência de qualquer contrapartida por parte do devedor, e sem que seja demonstrado qualquer benefício de tal medida ao devedor em recuperação.

5. Alterações na RJ de ME/EPP

São alterações que objetivam melhorar as condições do plano especial para ME/EPP.

[160] O PL 1397, conforme texto aprovado pela Câmara dos Deputados no dia 21 de maio de 2020, suprime regra análoga contida no seu antigo art. 13, III, "a".

O PL 1397 inova o regime da recuperação judicial especial, fundamentalmente, em quatro pontos: (*i*) estende o prazo de pagamento de 36 para 60 parcelas mensais, podendo ou não sofrer a incidência da taxa SELIC; (*ii*) amplia o prazo máximo de pagamento da primeira parcela de 180 para 360 dias a contar da distribuição da petição inicial; e (*iii*) em caso de rejeição, ao invés prever a convolação da recuperação em falência, estabelece a extinção do processo (art. 14)[161].

O PL 1397 — assim como o PL 2373 e o PL 2409 — altera a recuperação judicial especial para ME e EPP ao criar vantagens para esse regime em relação ao regime ordinário. Na vigência da LREF atual, ninguém opta pelo plano especial em razão da baixa atratividade dos seus remédios — parcelamento em 36 vezes e deságio — e do risco de convolação em falência por rejeição ao plano mediante simples peticionamento.

No regime do PL 1397, aumenta-se o número de parcelas para pagamento do débito, mas a principal e fundamental vantagem é a substituição da falência pela extinção do processo em caso de rejeição. Quanto a este último ponto, trata-se de alteração inovadora. Por si só, já faria do plano especial uma alternativa interessante para o devedor em crise. Finalmente, a proposta poderia ter ampliado os meios de recuperação, admitindo, por exemplo, a alienação de UPI e bens sem risco de sucessão para o adquirente.

Ainda que relevantes, as alterações propostas para regime da recuperação judicial especial poderiam ter ido além. Isso porque é necessária uma mudança mais radical no enfoque do tratamento legislativo do tema, que deveria incluir a flexibilização do rol de documentos para ajuizamento do pedido e a possibilidade de alienação de ativos de forma célere e eficiente, seja na recuperação judicial, seja na falência.

[161] O PLS 2373 propõe substancialmente as mesmas alterações (art. 6º). O PLS 2409 também (art. 5º), sujeitando credores trabalhistas e com garantia real aos efeitos do plano especial (art. 5º, I). O PLS 1179, para além de propor substancialmente as mesmas medidas, amplia o rol de legitimados para o plano especial, incluindo quaisquer pessoas naturais que exerçam atividade econômica em nome próprio, independentemente de inscrição ou da natureza da atividade (art. 26). Em caso de rejeição do plano especial, o juiz não decretará a falência do devedor (art. 26, §3º). No caso de pessoa não empresária, não se aplica falência em qualquer hipótese (art. 26, §2º).

6. Alterações na recuperação extrajudicial

São alterações que buscam melhorar o regime jurídico da recuperação extrajudicial.

O PL 1397 inova, fundamentalmente, em três pontos: (*i*) estabelece o *stay period* de 180 dias (art. 10, § 2º); (*ii*) admite a obtenção do *stay* com a adesão de 1/3 dos credores de cada espécie, desde que, em 90 dias, o devedor obtenha a adesão necessária à aprovação do plano (art. 10, §1º); (*iii*) reduz quórum da imposição do plano (*cram down*) de 3/5 para 50% mais um (art. 10)[162-163]. Afora isso, prevê (*a*) uma moratória de 120 dias para os planos em fase de execução (art. 11), bem como a possibilidade (*b*) de apresentação de plano modificativo (art. 12).

Para espancar qualquer dúvida que restasse com relação à possibilidade de os credores sujeitos à recuperação extrajudicial executarem a devedora, o PL 1397 estabelece o *stay automático* para a ação em questão, no que merece aplauso[164-165]. No mesmo sentido, andou bem o projeto ao reduzir o *quórum* de aprovação do plano (de 60% para 50% mais um), bem como ao possibilitar a obtenção do "*stay* para a continuação das negociações" quando a devedora logra obter a adesão de ao menos 1/3 dos credores aos termos do plano.

De qualquer sorte, o PL 1397 deixa de conferir tratamento mais adequado à recuperação extrajudicial em questões relevantes. É essencial

162 Afora isso, prevê (*a*) uma moratória de 120 dias para os planos em fase de execução (art. 11), bem como a possibilidade (*b*) de apresentação de plano modificativo (art. 12).

163 O art. 7º, §12, do PLS 2373 reduz o quórum no mesmo sentido.

164 Valendo observar que, conforme o texto aprovado pela Câmara dos Deputados no dia 21 de maio de 2020 para o art. 10, §3º, o *stay* é automático, dependendo apenas da distribuição da petição inicial. Nesse sentido, o PL 1397 inova em relação ao *stay* da recuperação judicial, que necessita da decisão de processamento para começar a fluir. Por outro lado, perde a oportunidade de incluir no âmbito de abrangência da recuperação extrajudicial os créditos trabalhistas, pelo menos os de maior valor econômico.

165 Em que pese parte da jurisprudência já reconhecer tal suspensão nas recuperações extrajudiciais. Assim: TJSP, 1ª Câmara Reservada de Direito Empresarial, AI 2201705-59.2016.8.26.0000, Rel. Des. Cesar Ciampolini, j. 22/02/2017; TJSP, 1ª Câmara Reservada de Direito Empresarial, AI 2204224-07.2016.8.26.0000, Rel. Des. Cesar Ciampolini, j. 22/02/2017; TJSP, 1ª Câmara Reservada de Direito Empresarial, AI 2187066-36.2016.8.26.0000, Rel. Des. Cesar Ciampolini, j. 22/02/2017; TJSP, 1ª Câmara Reservada de Direito Empresarial, AI 2185323-88.2016.8.26.0000, Rel. Des. Cesar Ciampolini, j. 08/02/2017.

para a atratividade do regime o estabelecimento de regra expressa no sentido de que a venda de bens da recuperanda é livre de sucessão, da mesma forma como determinação de que os atos realizados no bojo da recuperação extrajudicial não possam ser revogados ou declarados ineficazes em eventual falência.

7. Parcelamento fiscal especial

São proposições que objetivam conceder (*i*) um parcelamento fiscal em melhores condições para as ME/EPP e (*ii*) um diferimento das parcelas vencidas durante o estado de calamidade para empresas de qualquer porte[166]. O art. 68 da LREF prevê que as autoridades fazendárias devem criar um parcelamento especial para empresas em recuperação judicial, o qual, até o presente momento, não foi suficiente e adequadamente regulamentado pelo Poder Legislativo.

Nesse ponto, importante esclarecer que os parcelamentos atualmente existentes, como o previsto no art. 43 da Lei 13.043/2014 (referente ao parcelamento dos débitos com a Fazenda Nacional e supostamente criado para atender a exigência do art. 57 c/c o art. 68 da LREF) e o previsto em alguns Estados (como, entre outros, ocorre no Estado do Paraná, por meio da Lei 18.132/2014 e do Decreto 12.498/2014, e em Minas Gerais, com base na Lei 21.794/2015), simplesmente não atendem à finalidade da LREF, orientada pelo princípio da preservação da empresa, seja porque as condições de pagamento não são benéficas — o prazo

[166] Na LREF, o art. 68 estabelece que "As Fazendas Públicas e o Instituto Nacional do Seguro Social — INSS poderão deferir, nos termos da legislação específica, parcelamento de seus créditos, em sede de recuperação judicial, de acordo com os parâmetros estabelecidos na Lei nº 5.172, de 25 de outubro de 1966 — Código Tributário Nacional. Parágrafo único. As microempresas e empresas de pequeno porte farão jus a prazos 20% (vinte por cento) superiores àqueles regularmente concedidos às demais empresas". O PL 1781 (art. 5º, parágrafo único) dispõe que "as microempresas e empresas de pequeno porte farão jus a prazos 40% (quarenta por cento) superiores àqueles regularmente concedidos às demais empresas, desde que a sua recuperação judicial tenha sido processada no prazo compreendido entre 20.03.2020 à 30.10.2020". O PL 1199 (art. 7º), por sua vez, prevê que "As parcelas de parcelamentos concedidos com base no art. 68 da Lei nº 11.101, de 09 de fevereiro de 2005 que tenham vencimento no período tratado no art. 1º desta Lei, e até o mês subsequente, inclusive, terão seus vencimentos prorrogados para os meses subsequentes ao fim do respectivo parcelamento, sem a aplicação de penalidades ou mora decorrentes desta prorrogação".

do parcelamento é insuficiente (84 meses), inclusive se comparado com outros programas já existentes (como o "REFIS" de 180 meses ou o "PROFUT" de 240 meses) — ou mesmo porque impõe ao devedor a desistência de qualquer discussão administrativa ou judicial acerca do débito, exigência claramente inconstitucional[167].

Em razão da referida insuficiência dos parcelamentos tributários especiais, evidente que qualquer medida que melhore as condições para adimplemento desse tipo de dívida é bem-vinda. Desafortunadamente, a medida é necessária, porém, insuficiente. A um, porque uma vez mais o legislador parece ter sido excessivamente cauteloso ao projetar um parcelamento adequado para empresas em crise, que, por razões óbvias, precisa ser muito melhor que um parcelamento ordinário. A dois, porque se destina apenas às ME/EPP, quando, em verdade, toda e qualquer empresa em recuperação está precisando de condições especiais para regularizar a sua situação tributária. A três, porque um parcelamento adequado é necessário não só para a empresa, mas para o próprio Estado, cioso das suas receitas tributárias, que certamente entrará em crise fiscal caso não encontre uma fórmula capaz de auxiliar e incentivar as empresas a ajustarem a sua situação fiscal.

Quanto ao diferimento das parcelas vencidas durante a vigência do estado de calamidade, trata-se de medida razoável. Todavia, aqui, deve-se ressaltar que um diferimento irrestrito, sem demonstração de que a pandemia prejudicou o devedor, é medida um tanto quanto arriscada, uma vez que o Erário Público também deve ser protegido.

A bem da verdade, a resolução do problema tributário na recuperação judicial passa pela outorga de poderes aos Procuradores da Fazenda Nacional para negociar parcelamentos diretamente com a empresa em recuperação judicial ou, melhor ainda, a sujeição do crédito ao regime recuperatório.

[167] TJRJ, 7ª Câmara Cível, AI 0050788-91.2015.8.19.0000, Rel. Des. Luciano Saboia Rinaldi de Carvalho, j. 16/12/2015; TJSP, Câmara Reservada de Direito Empresarial, AI 2109677-09.2015.8.26.0000, Rel. Des. Ricardo Negrão, j. 09/09/2015. Ver, também: STJ, 2ª Seção, AgRg no CC 136.844/RS, Rel. Min. Antônio Carlos Ferreira, j. 26/08/2015. Na doutrina: SALOMÃO, Luis Felipe; SANTOS, Paulo Penalva. *Recuperação judicial, extrajudicial e falência*: teoria e prática. Rio de Janeiro: Forense, 2015, p. 32 ss.

8. Temas falimentares

Em matéria falimentar, os projetos de lei em tramitação cuidam dos seguintes temas: (*i*) elevação do piso para requerer a falência de devedor com base em impontualidade; (*ii*) extensão do prazo para as ME/EPP realizarem o depósito elisivo e, assim, afastem a presunção de insolvência falimentar; (*iii*) subordinação dos créditos tributários ao pagamento de todos os demais créditos concursais; e (*iv*) suspensão do pagamento de créditos extraconcursais titularizados por entes públicos.

O estabelecimento de pisos mínimos para o pedido de falência busca evitar a chamada "falência de bagatela", ou seja, execuções coletivas falimentares com poucos interessados e que não justificam o custo econômico da sua tramitação. Ademais, com o referido piso, quer-se desestimular o uso da ação de falência como simples instrumento de cobrança. A elevação do piso de 40 salários-mínimos para R$ 100.000,00 (cem mil reais), além de desincentivar o uso disfuncional da quebra, objetiva reduzir o número de falências de empresas viáveis que passam por dificuldades temporárias em função da pandemia[168]. São iniciativas do tipo *yellow flag*, como preconizado por David Skeel, que reduzem a velocidade da quebra em cenários econômicos de anormalidade[169].

Quanto à extensão do prazo para que as ME/EPP realizem o depósito elisivo e, assim, afastem a presunção de insolvência falimentar, parece proposta razoável[170]. Efetivamente, a configuração tanto da impontuali-

[168] O art. 94 da LREF estabelece: "Será decretada a falência do devedor que: I — sem relevante razão de direito, não paga, no vencimento, obrigação líquida materializada em título ou títulos executivos protestados cuja soma ultrapasse o equivalente a 40 (quarenta) salários-mínimos na data do pedido de falência". O PL 1397 (art. 13) dispõe: "Durante a vigência das disposições constantes desta Lei, aos procedimentos de recuperação judicial, extrajudicial e falência observar-se-ão as seguintes disposições transitórios: (...); II — O limite mínimo para a decretação da falência para efeito do art. 94, I, da Lei nº 11.101 de 9 de fevereiro de 2005, passa a ser considerado de R$ 100.000,00 (cem mil reais), verificado na data do respectivo pedido de falência" (redação conforme texto aprovado pela Câmara dos Deputados no dia 21 de maio de 2020). Dispõem no mesmo sentido, o PLS 2373 (art. 5º, II) e o PLS 1179 (art. 25, IV).

[169] Disponível em: <https://www.bloomberg.com/news/articles/2020-04-09/could-super-chapter-11-help-an-economy-avoid-systemic-collapse>.

[170] O art. 98 da LREF dispõe que: "Citado, o devedor poderá apresentar contestação no prazo de 10 (dez) dias. Parágrafo único. Nos pedidos baseados nos incisos I e II do *caput* do art. 94 desta Lei, o devedor poderá, no prazo da contestação, depositar o valor correspondente ao total do crédito, acrescido de correção monetária, juros e honorários advocatícios, hipótese

dade (art. 94, I) quanto da execução frustrada (art. 94, II) geram presunção de insolvência. Se esta presunção não for afastada, o magistrado está autorizado a decretar a falência do devedor, instaurando o concurso de credores, para pagamento destes conforme as preferências legais (arts. 83 e 84). A lógica por trás dessa sistemática é justamente organizar a ordem de pagamento falimentar, por se presumir que a liquidação do patrimônio do devedor resultará em recursos insuficientes para o adimplemento dos credores.

Uma das formas de elidir a presunção de insolvência é fazer o depósito do valor reclamado pelo autor do pedido de falência, na forma do art. 98, parágrafo único. Tanto a impontualidade, quanto a execução frustrada possuem, dentre seus elementos caracterizadores, o inadimplemento. Por conta disso, empresas que incorrem nessas hipóteses usualmente se encontram em crise de liquidez, também chamada crise financeira. Por outro lado, justamente uma das principais características da crise gerada pela pandemia da Covid-19 é a ausência de liquidez no mercado. Assim, a fim de reduzir o número de falências de empresas viáveis que passam por dificuldades temporárias em função da pandemia, iniciativas do tipo *yellow flag*, que reduzem o a velocidade da quebra, como sugerido por David Skeel, parecem acertadas[171].

Além disso, ao não suspender o processo falimentar, mas apenas possibilitar que se faça o depósito elisivo para além do seu prazo normal, a proposta permite o curso ordinário do processo, ganhando-se tempo caso seja necessária a instauração do concurso.

A despeito desses méritos, trata-se de medida tímida para o enfrentamento da crise, especialmente para as ME/EPP. Dever-se-ia, isso sim, estar-se discutindo, por exemplo, medidas como o *fresh start*.

em que a falência não será decretada e, caso julgado procedente o pedido de falência, o juiz ordenará o levantamento do valor pelo autor". O PLS 2373 (art. 17) estabelece: "No pedido de falência formulado contra microempresa ou empresa de pequeno porte, o depósito elisivo a que se refere o parágrafo único do art. 98 da Lei nº 11.101, de 2005, poderá ser realizado até o dia 31 de dezembro de 2020, ou enquanto perdurar o estado de calamidade pública, sendo acrescidos de correção monetária pelo INPC, juros de mora de 1% (um por cento) ao mês e multa moratória de 10% (dez por cento) do valor da dívida, sempre que o depósito for realizado após o prazo legal para a contestação ao pedido de falência".

171 Disponível em: <https://www.bloomberg.com/news/articles/2020-04-09/could-super-chapter-11-help-an-economy-avoid-systemic-collapse>. Acesso em: 28 de abril de 2020.

No que tange à subordinação do crédito tributário ao pagamento de todos os demais créditos concursais, trata-se de proposta que pouco ou nada agrega, especialmente por se estar tratando de medidas excepcionais para lidar com uma situação extraordinária. Com efeito, pelo art. 83, o crédito tributário é o terceiro na ordem de pagamento dos credores concursais. Pelo PL 1199 (art. 3º), durante o estado de calamidade, "os créditos tributários ficam considerados como créditos subordinados, nos termos do inciso VIII do art. 83 da Lei nº 11.101".

Usualmente, o adimplemento dos créditos em uma falência não ultrapassa a classe III, onde está o Fisco (art. 83, III), dado o elevado grau de endividamento fiscal das empresas falidas. Os demais credores, em especial os quirografários, em sua maioria, fornecedores de bens e serviços, nada recebem. O art. 3º do PL 1199 dispõe que o crédito tributário será considerado subordinado para as falências decretadas durante o estado de calamidade.

Evidente que tal previsão aumentaria as chances de recebimento de um credor quirografário. Todavia, tendo em vista o lapso temporal médio entre a decretação da falência e o início dos pagamentos aos credores concursais, verifica-se, facilmente, tratar-se de regra absolutamente ineficaz quando levada em consideração a necessidade de medidas céleres que auxiliem emergencialmente as empresas em dificuldades em decorrência da Covid-19.

Por derradeiro, quanto à regra que suspende o pagamento de créditos extraconcursais titularizados por entes públicos, tem-se que se trata de medida inócua[172]. Além da atecnia evidente do dispositivo projetado

[172] De acordo com o art. 84 da LREF. "Serão considerados créditos extraconcursais e serão pagos com precedência sobre os mencionados no art. 83 desta Lei, na ordem a seguir, os relativos a: I — remunerações devidas ao administrador judicial e seus auxiliares, e créditos derivados da legislação do trabalho ou decorrentes de acidentes de trabalho relativos a serviços prestados após a decretação da falência; II — quantias fornecidas à massa pelos credores; III — despesas com arrecadação, administração, realização do ativo e distribuição do seu produto, bem como custas do processo de falência; IV — custas judiciais relativas às ações e execuções em que a massa falida tenha sido vencida; V — obrigações resultantes de atos jurídicos válidos praticados durante a recuperação judicial, nos termos do art. 67 desta Lei, ou após a decretação da falência, e tributos relativos a fatos geradores ocorridos após a decretação da falência, respeitada a ordem estabelecida no art. 83 desta Lei". O PLS 1199 (art. 2º) dispõe: "Nos processos de falência e recuperação judicial abertos durante a vigência do período de calamidade pública no Brasil, ficarão suspensos a cobrança e o pagamento dos

no que diz respeito à natureza do efeito previsto no art. 2º — a canhestra "suspensão da cobrança e do pagamento" de certos créditos extraconcursais —, trata-se de regra de reduzido efeito econômico prático. Se a ideia foi ampliar as chances de os credores privados receberem seus créditos na falência, diminuindo as suas perdas e aumentando as chances de evitar a própria crise durante a pandemia do novo coronavírus, evidente a inutilidade do projeto nesse ponto. Qualquer profissional que milita na seara concursal sabe que o lapso temporal médio entre a decretação da falência e o início dos pagamentos aos credores concursais é longo. Em razão disso, a disposição é absolutamente inócua quando levada em consideração a necessidade de medidas céleres que auxiliem emergencialmente as empresas em dificuldades em decorrência da Covid-19 — sem contar a omissão ao tratamento a ser dado a tais créditos.

9. Direitos de credores de companhias aéreas

Trata de regra que limita os direitos de certos credores especiais das companhias aéreas.

As empresas que exploram serviços aéreos de qualquer natureza ou de infraestrutura aeronáutica estão legitimadas para as ações da LREF (recuperação judicial, extrajudicial e falência), conforme disposto no art. 199 desta.

Todavia, na sua recuperação judicial[173], em nenhuma hipótese fica suspenso o exercício de direitos derivados de contratos de locação, arrendamento mercantil ou de qualquer outra modalidade de arrendamento de aeronaves ou de suas partes (LREF, art. 199, §1º). Os créditos decorrentes dos contratos mencionados não se submetem aos efeitos da recuperação judicial ou extrajudicial, prevalecendo os direitos de propriedade sobre a coisa e as condições contratuais, não se lhes aplicando a ressalva contida na parte final do §3º do art. 49 LREF (manutenção dos bens de capital essenciais durante a vigência do *stay period*) (art. 199,

seguintes créditos extraconcursais, previstos no art. 84 da Lei nº 11.101, de 9 de fevereiro de 2005: I — custas do processo de falência; II — custas judiciais relativas às ações e execuções em que a massa falida tenha sido vencida; III — tributos relativos a fatos geradores ocorridos após a decretação da falência. Parágrafo único. A suspensão a que se refere o caput deste artigo não obsta o pagamento dos créditos previstos no art. 83 da mesma lei".

[173] A regra vale também para a falência.

§2º)[174]. Em sentido oposto, o PLS 1199 (art. 5º, II) prevê a suspensão dos direitos concedidos aos credores nos termos dos §§ 1º a 3º do art. 199 da LREF.

Importante destacar que o setor aéreo sempre foi considerado estratégico pelo Estado, recebendo atenção diferenciada; e as companhias aéreas, tradicionalmente, submetem-se a um regime regulatório especial, inclusive no que toca à sua crise[175]. Isso tudo em razão do risco existente para as pessoas transportadas, inerente à própria atividade, mesmo quando se trata de empresas em condições econômicas e financeiras normais. Por isso, quando as companhias áreas estão em dificuldades, agravam-se ainda mais os riscos, em decorrência do elevado custo despendido para a manutenção das aeronaves e para o treinamento dos pilotos e dos demais profissionais envolvidos na atividade fim[176].

Nesse sentido, como as companhias aéreas em dificuldades financeiras configuram grave risco para segurança dos voos, era vedado o seu acesso à concordata no regime anterior (art. 187 da Lei 7.565/1986, o Código Brasileiro da Aeronáutica). Estavam elas sujeitas à intervenção e à liquidação extrajudicial, podendo haver, inclusive, a sua falência, de acordo com os arts. 188 e seguintes da Lei 7.565/1986. A situação mudou com a entrada em vigor da LREF, uma vez que o legislador não estabeleceu restrição à utilização da recuperação de empresas (judicial ou extrajudicial) por parte das sociedades que atuam no setor aéreo.

Pelo contrário, existe menção expressa no art. 199 da LREF autorizando que tais sociedades possam se valer dos regimes recuperatórios, ficando, consequentemente, sujeitas à falência. Tanto é verdade que desde a entrada em vigor da LREF diversas empresas aéreas (tais como Varig, Vasp, Transbrasil, Passaredo, Pantanal, Avianca) submeteram-se

174 E na hipótese de falência dessas empresas, prevalecem os direitos de propriedade sobre a coisa relativos a contratos de locação, de arrendamento mercantil ou de qualquer outra modalidade de arrendamento de aeronaves ou de suas partes (art. 199, §3º).

175 Baird, Douglas G. *The elements of bankruptcy*. New York: The Foundation Press Inc., 1992, p. 58.

176 Verçosa, Haraldo Malheiros Duclerc. Das pessoas sujeitas e não sujeitas aos regimes de recuperação de empresas e ao de falência. In: PAIVA, Luiz Fernando Valente de (coord.). *Direito falimentar e a nova Lei de Falências e Recuperação de Empresas*. São Paulo: Quartier Latin, 2005, p. 94.

aos seus regimes jurídicos[177]. No entanto, a LREF dispensou um tratamento especial aos credores cujos créditos derivam de contratos de locação e arrendamento mercantil de aeronaves ou de suas partes, na medida em que tais créditos não participam da recuperação judicial ou extrajudicial, não se suspendendo os direitos desses credores na falência nem na recuperação, prevalecendo sempre seus direitos de propriedade, inclusive durante o *stay period*, situação que dificulta a recuperação dessas empresas[178].

Dizer que a pandemia do novo coronavírus atingiu duramente as companhias aéreas é pouco diante da situação destas empresas, cuja atividade retraiu mais de 90% (noventa por cento) em média. É notório que o setor aéreo está entre os mais atingidos pela Covid-19. Em razão disso, o PLS 1199 busca suspender direitos especiais conferidos a credores destas companhias como forma de viabilizar a sua recuperação judicial.

A preocupação do legislador procede. Tendo em vista a provável restrição do número de passageiros por metro quadrado e as mudanças de comportamento social e profissional no que diz respeito às viagens aéreas, a tendência é que a crise das companhias aéreas seja profunda e prolongada. É possível que a própria matriz de custos desse negócio tenha que ser totalmente repensada em função da expressiva redução do consumo dos serviços de transporte aéreo nos próximos tempos. Por tudo isso, especialmente no setor aéreo, é indispensável reconhecer os limites da recuperação judicial como mecanismo para superar certos

177 Nos Estados Unidos praticamente todas as grandes companhias aéreas se valeram da recuperação judicial, algumas delas mais de uma vez.

178 Chama-se a atenção para o fato de que o Brasil é signatário da Convenção da Cidade do Cabo sobre Garantias Internacionais Incidentes sobre Equipamentos Móveis, tratado internacional elaborado sob os auspícios da UNIDROIT, cuja conferência diplomática de conclusão foi realizada em 2001 na África do Sul. A Convenção visa a estabelecer normas aptas a conferir maior segurança aos credores em operações internacionais de financiamentos de equipamentos móveis aeronáuticos, espaciais e ferroviários, tendo entrado em vigor em 2006. Na mesma oportunidade, foi adotado o Protocolo Aeronáutico, diploma complementar à Convenção e específico sobre o equipamento aeronáutico. No Brasil, tanto a Convenção quanto o Protocolo Aeronáutico foram submetidos ao Congresso Nacional, que os aprovou por meio do Decreto Legislativo nº 135 de maio de 2011, tendo sido promulgados pelo Decreto 8.008/2013. Assim, é preciso analisar os §§1º a 3º do art. 199 da LREF à luz da referida Convenção e do supramencionado tratado.

tipos de crise[179] e aceitar a ideia de que a preservação dessas companhias passará, necessariamente, por medidas muito mais amplas e profundas, que dificilmente deixarão de passar pelo socorro governamental (*bailout*).

[179] Tal como examinado no Capítulo 1.

CAPÍTULO 4
NOVOS REGIMES DE CRISE PROPOSTOS

Foram propostos cinco regimes jurídicos novos para o enfrentamento da crise econômica causada pela pandemia do novo coronavírus. Todos são transitórios. Assim, se forem aprovados, poderão ser utilizados enquanto perdurar o estado de calamidade.

De uma maneira geral, as iniciativas propõem regimes jurídicos simplificados, que ampliam as alternativas à disposição dos empresários em *distress*. Justamente por isso, merecem aplauso, dadas as reduzidas opções que o sistema de insolvência brasileiro oferece — embora se deva registrar a existência de importantes limitações intrínsecas neles, bem como problemas de regulação.

Quanto aos regimes em si, dois fazem parte do sistema pré-insolvência (suspensão legal e negociação preventiva) e três são modalidades diferenciadas de recuperação judicial (recuperação judicial extraordinária para ME/EPP) e recuperação extrajudicial (recuperação extrajudicial especial para ME/EPP e recuperação extrajudicial extraordinária). Abaixo, veja-se o quadro resumo dos regimes jurídicos vigentes e propostos:

Regimes jurídicos vigentes e propostos		
Suspensão legal	PL 1397	**Suspensão de ações e vedação de atos** (automática e geral)
Negociação preventiva	PL 1397	**Suspensão de ações e vedação de atos** (mediante ajuizamento) + **negociação extrajudicial.**
Recuperação judicial ordinária	Vigente	-------
Recuperação judicial especial (ME/EPP)	Vigente	-------
Recuperação judicial extraordinária (ME/EPP)	PL 2067	Formulário ao DREI = moratória de 150 dias + deságio tabelado (para pagamentos. antecipado).
Recuperação extrajudicial ordinária	Vigente	-------
Recuperação extrajudicial especial (ME/EPP)	PLS 2373 PLS 2409	¼ de adesão + ajuizamento = tentativa de conclusão das negociações por mediador.
Recuperação extrajudicial extraordinária	PLS 2373	**Técnica recuperatória única** (180 dias de carência + pagamento em 36 parcelas), independente de aceitação, com **compromisso de não demitir**.
Falência	Vigente	-------

Abaixo, uma sistematização dos regimes jurídicos propostos ao lado dos regimes jurídicos vigentes:

- **Sistema preventivo (PL 1397)**
  - **Suspensão legal***
  - **Negociação preventiva***
- **Lei 11.101/05 (LREF)**
  - Recuperação judicial
    - Ordinária
    - Especial (ME/EPP)
    - **Extraordinária (ME/EPP)***
  - Recuperação extrajudicial
    - Ordinária
    - **Especial (ME/EPP)***
    - **Extraordinária***
  - Falência

1. Sistema de prevenção à insolvência do PL 1397

O presente tópico examinará a sistemática do PL 1397, a fim de situar o leitor acerca das proposições referentes ao chamado "sistema de prevenção de insolvência".

Dois são os objetivos do PL: (*i*) criar um sistema de prevenção da crise; e (*ii*) adaptar o sistema de insolvência às exigências da crise gerada pela pandemia da Covid-19[180]. As medidas do PL possuem caráter *emergencial* e *temporário*. O PL não traz alterações permanentes para o sistema de insolvência.

Diferente da LREF, que se destina ao empresário em situação de crise já instalada — reversível ou irreversível —, o PL 1397 tem por objetivo principal, ao menos em sua primeira parte, a *prevenção da crise*. Trata, portanto, de atuar em um estágio prévio, justamente buscando evitar a aplicação da Lei 11.101/05[181].

A fim de adaptar a LREF aos desafios inéditos decorrentes da Pandemia da Covid-19, o PL 1397 altera o regime jurídico da recuperação extrajudicial, e suspende, em caráter transitório, determinados dispositivos atinentes à recuperação judicial, extrajudicial e falência. O PL 1397 não possui o objetivo de aperfeiçoar permanentemente o sistema de insolvência. A tão necessária reforma da Lei 11.101/05 ficará a cargo de outras iniciativas legislativas, como o PL 6229/05, também da relatoria do Deputado Hugo Leal.

Importante destacar o *caráter transitório* das medidas emergenciais de prevenção e das adaptações da Lei 11.101/05, previstas para viger até 31 de dezembro de 2020 (prazo de vigência do Decreto Legislativo nº 6, de 20 de março de 2020 — que reconhece o estado de calamidade pública em razão da pandemia causada pelo Covid-19).

Os *agentes econômicos*, na forma como definido art. 2º, §1º ("pessoa jurídica de direito privado, empresário individual, produtor rural e o pro-

[180] Essas medidas são objeto do Capítulo 3.

[181] Diante da vacuidade legislativa momentânea no que diz respeito a regimes de prevenção à crise, surgem algumas decisões heterodoxas concedendo medidas protetivas para que devedores possam negociar extrajudicialmente seu endividamento — análogas à negociação preventiva —, buscando evitar a utilização dos regimes recuperatórios da LREF: TJRS, 2ª Vara Cível da Comarca de Santana do Livramento, processo 5000599-16.2020.8.21.0025, julgadora Dra. Carla Barros Siqueira Palhares, j. 07/04/2020.

fessional autônomo que exerça regularmente suas atividades[182]"), beneficiam-se das "medidas de caráter emergencial destinadas a prevenir a crise econômico-financeira" (art. 1º), assim entendidas a *suspensão legal* (art. 4º) e a *negociação preventiva* (arts. 5º a 8º), regimes jurídicos do chamado "Sistema de Prevenção à Insolvência". O consumidor fica excluído (art. 2º, §2º)[183].

Na justificação ao PL 1397, é possível encontrar a expressão "moratória legal" associada aos regimes jurídicos da suspensão legal e da negociação preventiva (ambos integrantes do chamado "Sistema de Prevenção à Insolvência"). A referida moratória legal institui a suspensão de ações e a vedação de atos em benefício do devedor presumidamente afetado pelos efeitos econômicos da pandemia da Covid-19 (*caput* e incisos do art. 3º) — o que se entende ser algo, por si só, temerário.

"Moratória" é o termo normalmente relacionado à dilação de prazo para a quitação de dívida, para que o devedor possa cumprir com a obri-

[182] O PL 1397 tenta simplificar problema complexo. A escolha legislativa não guarda coerência com o sistema vigente e carece de fundamentação jurídica, talvez até de base ontológica. Ao equiparar o agente econômico a todos os entes arrolados no art. 44 do CC (que estabelece, em regime *numerus clausus*, as pessoas jurídicas de direito privado), o PL abre as portas do sistema de insolvência a agentes estranhos à prática empresarial tradicional, tais como, partidos políticos e organizações religiosas. Nada contra a abertura proposta que, aliás, existe em outras jurisdições como os EUA, país em que as organizações religiosas fazem uso da recuperação judicial. Porém, essa abertura pressupõe um debate amplo e organizado entre todos os agentes e usuários do sistema; não pode resultar de uma decisão legislativa sem qualquer fundamentação. De mais a mais, o PL apresenta incoerência ao exigir que o profissional autônomo tenha de exercer regularmente sua atividade para poder fazer uso do sistema emergencial de insolvência, ao passo que o produtor rural poderá fazê-lo sem estar necessariamente regular nos termos do art. 971, CC.

[183] A legitimação ativa para o PL 1397 é, sensivelmente, maior do que aquela prevista para a Lei 11.101/05. Na Lei 11.101/05, podem ajuizar a recuperação extrajudicial, a recuperação judicial e se sujeitam à falência apenas os empresários — empresário individual, empresa individual de responsabilidade limitada (EIRELI) e sociedade empresária. No PL, os agentes econômicos, na forma como definido no art. 2º, §1º, beneficiam-se das "medidas de caráter emergencial destinadas a prevenir a crise econômico-financeira", assim entendidas a *suspensão legal* (art. 4º) e *negociação preventiva* (arts. 5º a 8º), regimes jurídicos do chamado "Sistema de prevenção à Insolvência". Sobre a historicidade da dicotomia entre agente econômico empresarial e agente econômico não empresarial, ver: Scalzilli, João Pedro; Tellechea, Rodrigo; Spinelli, Luis Felipe. *Introdução ao direito empresarial*. Porto Alegre, Buqui, 2020.

gação além da data de vencimento[184]. As medidas do art. 3º não são, tecnicamente, moratória. O uso da expressão moratória talvez seja ato falho dos redatores do PL 1397, pois o efeito econômico que se pretendeu dar ao Sistema de Prevenção à Insolvência pode ter sido justamente esse. Tecnicamente, porém, de moratória verdadeiramente não se trata as medidas do art. 3º. São hipóteses de (*i*) suspensão de processos e de (*ii*) vedação de atos processuais e extraprocessuais.

As medidas do *caput* ("*ficam suspensas as ações judiciais, de natureza executiva que envolvam discussão ou cumprimento de obrigações*") são, em essência, casos de *suspensão de processo*, como aquelas previstas entre os arts. 313 a 315 do Código de Processo Civil. São hipóteses de suspensão *ope legis*, em função de reconhecimento legal de força maior, o que as enquadraria no art. 313, VI[185].

Pelo disposto no caput do art. 3º, as ações que restariam suspensas são: (*i*) ações de execução de título executivo judicial ou extrajudicial; (*ii*) cumprimento de sentença; (*iii*) embargos à execução; (*iv*) impugnação ao cumprimento de sentença; e (*v*) ações revisionais. Ainda, os incisos do art. 3º trazem hipóteses de suspensão de atos (*a*) processuais (excussão judicial de garantia, decretação de falência, resilição judicial de contrato e multas moratórias) e (*b*) extraprocessuais (excussão extrajudicial de garantia, resolução extrajudicial de contrato e cobrança extrajudicial de multa).

Em resumo, são as seguintes as suspensões e as vedações:

Ações Executivas	Suspensão
Cumprimento de sentença	Suspensão
Embargos à execução	Suspensão
Impugnação ao cumprimento de sentença	Suspensão
Ações revisionais	Suspensão

[184] "O significado jurídico do vocábulo (moratória enquanto substantivo) é a dilatação do prazo concedido pelo credor ao devedor nas obrigações de dar. A moratória pode ser convencional e particular ou legal e geral, quando ajustada para uma determinada obrigação, ou quando concedida por lei em virtude de circunstâncias econômico-financeiras anormais numa dada sociedade". Cf. *Enciclopédia Saraiva do Direito*, Vol. 53, p. 275.

[185] "Art. 313. Suspende-se o processo: VI — por motivo de força maior".

Excussão de garantias	Vedação
Decretação de falência	Vedação
Resilição unilateral e resolução de contrato	Vedação
Cobrança de multas	Vedação

O *stay period* da suspensão legal é de 30 dias, enquanto o da negociação preventiva é de 90 dias[186], totalizando 120 dias ao todo, se ambas forem utilizadas[187]. Todo agente econômico, na forma do art. 2º, §1º, beneficia-se da suspensão legal, independentemente de petição ao Poder Judiciário. Trata-se de medida de efeito geral aos agentes econômicos e *ex lege* (automático). No que diz respeito à negociação preventiva, trata-se de procedimento de jurisdição voluntária que demanda ajuizamento judicial.

Do ponto de vista temporal, as suspensões e as vedações previstas para os regimes jurídicos da suspensão legal e da negociação preventiva dizem respeito somente às obrigações vencidas após a data de 20 de março de 2020, data do Decreto Legislativo nº 6, que reconheceu o estado de calamidade pública em razão da pandemia causada pela Covid-19. Além disso, de acordo com os arts. 1º, parágrafo único, e 3º, §2º, a suspensão prevista não se aplica: (*i*) às obrigações decorrentes de contratos firmados ou repactuados após 20 de março de 2020; (*ii*) às obrigações decorrentes de créditos de natureza estritamente salarial; (*iii*) bem como não se aplicam aos contratos e obrigações decorrentes dos atos cooperativos praticados pelas cooperativas com seus cooperados.

[186] Tem-se a impressão de que o legislador embaralha cartas e as escolhe na medida da sua conveniência. Não há qualquer critério (e.g. jurídico, financeiro) para embasar a determinação do período temporal da suspensão legal irrestrita e da negociação preventiva. Em se tratando de suspensão legal, pelo menos, é razoável esperar alguma justificativa, ainda que passível de crítica.

[187] Os prazos definidos para a suspensão legal e para a negociação preventiva são computados em dias corridos. Se o dia do vencimento cair em feriado ou final de semana, considerar-se-á prorrogado o início da contagem ou o prazo final até o seguinte dia útil (art. 16).

1.1. Suspensão legal

Trata da suspensão legal de ações e atos processuais e extraprocessuais listados no art. 3º do PL 1397, que se opera automaticamente em função da crise da Covid-19.

A suspensão legal objetiva dar fôlego aos agentes econômicos (na forma do art. 2º, §1º) presumidamente (!) afetados pela pandemia da Covid-19, especialmente em função da adoção de medidas de distanciamento social pelas autoridades públicas, que resultaram no fechamento quase generalizado dos setores comercial, industrial e de serviços.

O regime opera automaticamente, *ex lege*, independentemente do cumprimento de qualquer requisito ou da prática de qualquer ato. Basta ser agente econômico na forma do art. 2º, §1º.

A proteção legal abrange obrigações de qualquer natureza, incluindo comerciais, tributárias[188], entre outras, restando expressamente excetuadas as obrigações decorrentes de créditos de natureza alimentar (art. 3º, §2º). Na prática, ocorre a suspensão de diversas ações e a vedação alguns de atos processuais e extraprocessuais. Em resumo, são as seguintes as suspensões e as vedações: (*i*) ações executivas (suspensão); (*ii*) cumprimento de sentença (suspensão); (*iii*) embargos à execução (suspensão); (*iv*) impugnação ao cumprimento de sentença (suspensão); (*v*) ações revisionais (suspensão); (*vi*) excussão de garantias (vedação); (*vii*) decretação de falência (vedação); (*viii*) resilição unilateral de contrato (vedação); (*ix*) resolução de contrato por implemento de cláusula *ipso facto* (vedação); (*x*) cobrança de multas (vedação)[189].

O prazo da suspensão legal é de 30 dias a contar da vigência da Lei. Entretanto, para que se sujeitem à suspensão legal, as obrigações devem ser aquelas vencidas após a data de 20 de março de 2020 (art. 3º).

De acordo com o parágrafo único do art. 5º, "*durante o período de suspensão (...), o devedor e seus credores deverão buscar, de forma extrajudicial e direta, a renegociação de suas obrigações, levando em consideração os impactos econômicos e financeiros causados pela pandemia de Covid-19*".

[188] De constitucionalidade duvidosa, dado que matéria tributária pode ser sujeita à lei complementar.

[189] Para maiores detalhes, ver os comentários ao sistema de prevenção à insolvência, supra.

Um dos temas palpitantes sobre o tema diz respeito a existência ou não de um dever de renegociar, corolário do princípio da boa-fé objetiva (art. 422 do Código Civil). Tratar-se-ia, especialmente em tempos de crise, de um padrão de comportamento esperado das partes contratantes, de quem se tem a expectativa de uma conduta em prol da preservação do negócio jurídico (*i.e.*, princípio da conservação do contrato) diante de fatores supervenientes que tenham alterado, substancialmente, as circunstâncias objetivas e subjetivas sobre as quais se assentou a base da contratação[190].

[190] A previsão expressa do dever de renegociar (art. 5º, parágrafo único) faz presumir que o estado de calamidade declarado em função da pandemia da Covid-19 caracteriza, em si, fato extraordinário e não previsto, suficiente para afetar as bases dos negócios jurídicos e ensejar a necessidade de negociação. Trata-se, todavia, de *obrigação de meio*, não havendo responsabilidade decorrente do simples não atingimento de um *resultado*. Por conta disso, seria dever cuja eficácia concreta é limitada e cuja violação não acarreta tutela coercitiva de resultados práticos imediatos. O que se espera é que as partes negociem com lealdade, envidando esforços para que o contrato atinja a sua finalidade e que seja possível alcançar a exequibilidade substancial do que havia sido originalmente contratado. Em relação à parte atingida, espera-se que cumpra com o seu dever de procurar, extrajudicialmente, a contraparte, expondo os fatos e propondo os pontos de renegociação (valor, encargos, forma de cumprimento, garantias). Em relação à contraparte, espera-se que responda ao chamado, manifestando-se, em tempo razoável, acerca da proposta. Como mencionado, não existe, pela contraparte, obrigação de aceitar o que se lhe está propondo ou qualquer coisa intermediária entre isso e as condições originais do contrato (espécie de meio termo). A obrigação de renegociar durante a suspensão legal, a ser imposta pelo PL 1397 caso aprovado pelo Senado Federal o texto na versão em que foi votado pela Câmara dos Deputados no dia 21 de maio de 2020, é de sentar-se à mesa para negociar. Pode haver recusa em alterar o contrato, desde que minimamente justificada. Poder-se-ia cogitar da caracterização de violação ao dever de renegociar em caso de recusa expressa pura e sem qualquer justificativa de renegociar (ou medidas relacionadas a isso, como ausência de resposta e morosidade excessiva). Como a crise econômica decorrente da pandemia da Covid-19 é global, afetando, indistintamente, empresas de todos os setores e que estavam em todos os tipos de situação econômico-financeiras pré-crise, pode ser relativamente fácil se desincumbir do dever em questão. Em princípio, basta alegar a impossibilidade de aceitar novas condições contratuais com base no legítimo direito de não agravar a sua própria situação, a depender do caso concreto e desde que minimamente comprovada. Uma das características mais singulares da atual crise é que, em função da ruptura generalizada na oferta e na demanda de produtos e serviços, decorrentes das medidas de distanciamento social, praticamente não há empresa ou pessoa não afetada economicamente. Salvo poucas exceções, todos, em maior ou menor grau, estão com problemas. Assim, bastaria sentar-se à mesa e justificar para se desincumbir do dever de renegociar. Outro problema está na forma de tutelar o direito subjetivo à renegociação, consubstanciado nos mecanismos processuais de tutela específica, providências que assegurem

Medidas como a suspensão legal, apesar de bem-intencionadas, parecem não ser as mais adequadas em função do possível efeito econômico adverso de travar ainda mais a economia. Embora não se trate de moratória, mas, sim, de suspensão de certas ações e vedação de alguns atos processuais e extraprocessuais, uma medida geral e independente de peticionamento ao Poder Judiciário como a suspensão legal pode gerar o estímulo de colocar os agentes econômicos na posição defensiva de não pagar para preservar seu caixa, gerando um efeito cascata perverso, retirando ainda mais a liquidez do mercado.

Assim, o agente "A" não paga a "B" e a "C", seus credores, porque é esperado que "D" e "E", seus devedores, não lhe paguem. Como não há medida jurídica a ser tomada durante a suspensão legal, incorre-se no comportamento "não pago porque não vão me pagar". E como todo mundo é credor e devedor ao mesmo tempo, medidas que se assemelham a moratórias gerais (senão na forma, ao menos no efeito econômico) tendem a propagar o inadimplemento ao invés de evitá-lo. Como destaca Stiglitz, os balanços são interdependentes[191]. Em outras palavras, moratórias gerais tendem a anular os efeitos positivos delas mesmas, pois o agente que não paga, é também aquele que não recebe.

Mais grave ainda parece ser o fato de que tal suspensão se estende a todo e qualquer agente econômico, ainda que não tenha sido impactado pela crise causada pela pandemia do coronavírus.

a obtenção de tutela pelo resultado prático equivalente (art. 497 do CPC) ou, ainda, indenização por perdas e danos (art. 499 do CPC), todas demasiadamente demoradas em vista das premências do caso concreto. Lembre-se que o dever imposto é de renegociar — que não se confunde com dever de revisar o contrato. O comando legal em questão (parágrafo único do art. 5º) não permite concluir que há um direito à revisão contratual genérico, por simples decorrência da pandemia da Covid-19, e, em consequência, da suspensão legal. Dependendo do caso concreto e do preenchimento de requisitos específicos, pode até haver direito à revisão contratual, respeitadas as regras previstas no Código Civil, mas tal situação demanda ajuizamento da ação competente — ação que, aliás, ficaria suspensa pela regra do *caput* do art. 3º do PL. Em resumo, a eficácia prática do dever de renegociar é bastante limitada quando se trata de auxiliar na superação da crise atual. De qualquer sorte, continua-se a crer que a negociação é o melhor caminho a superar turbulências na relação contratual causadas pela pandemia, questionando-se, todavia, a imposição de um dever por lei bem como a suspensão de toda e qualquer medida.

[191] Disponível em: <https://www.bloomberg.com/news/articles/2020-04-09/could-super-chapter-11-help-an-economy-avoid-systemic-collapse>. Acesso em: 28 de abril de 2020.

Por isso, adota-se, aqui, como resumo do ponto, a observação nº 3 do Relatório do *Turnaround Management Association* — Brasil (TMA Brasil), segundo a qual "Não é recomendável, num momento de crise de liquidez, gerar incentivos amplos ao não pagamento de dívidas, e consequentemente, entraves à circulação de valor na economia (...)". "Por isso, (...), entende que não há espaço para suspensão generalizada de pagamentos ou moratórias, ainda que por prazos fixos ou limitados a certos setores ou agentes". "Recomenda-se que somente certas medidas extremas decorrentes do inadimplemento sejam momentaneamente suspensas (...), e desde que decorrentes de obrigações vencidas a partir de 20 de março, tais como (...) decretação de falência involuntária, despejo por falta de pagamento, retomada de bens dados em garantia, corte de serviços básico (*utilities*) como fornecimento de gás, energia e água", bem como "os efeitos de cláusulas de resolução contratual e os *covenants* vinculados a fatos influenciados pelas consequências da pandemia".

Ademais, o PL não traz qualquer proteção aos acordos realizados em caso de posterior ingresso, por parte do devedor, com pedido de recuperação, o que poderá prejudicar, ainda mais, os credores que, de boa-fé, negociaram (com exceção dos créditos decorrentes de financiamento DIP aprovado pelo juiz e de operações de desconto praticadas entre 20 de março e 31 de dezembro de 2020). Assim, a se manter a redação como está, o correto é que eventuais acordos sejam realizados com cláusula resolutiva, restituindo-se as partes às condições originais em caso de qualquer processo concursal — e, espera-se, que o Poder Judiciário venha a respeitar tais disposições. Ainda, tais acordos não estão protegidos de questionamento futuro em processos falimentares (*i.e.*, ação revocatória e declaratória de ineficácia).

1.2. Negociação preventiva

O regime da negociação preventiva possui a natureza jurídica de jurisdição voluntária, segundo o próprio art. 6º do PL 1397. Trata-se de atividade jurisdicional de assistência e controle de atos realizados pelos particulares, não havendo litígio. Nesse sentido, contrapõe-se à jurisdição contenciosa. A previsão de um *stay period* — período durante o qual ações e atos previstos no art. 3º serão suspensos ou vedados — não muda a natureza jurídica da negociação preventiva.

Para pleitear a negociação preventiva, o devedor precisa ser agente econômico na forma do art. 2º, §1º, bem como ajuizá-la em até 60 dias após o término da suspensão legal (art. 6º, *caput*). Além disso, terá direito ao procedimento de negociação preventiva o devedor que comprovar redução igual ou superior a 30% (trinta por cento) de seu faturamento[192]. Para fazer a prova da redução de 30% (trinta por cento) ou mais do faturamento, basta que um profissional de contabilidade assine o demonstrativo correspondente. Evidente que o contador responde pela veracidade das informações atestadas.

O juiz competente para apreciar o pedido de negociação preventiva será aquele competente para os procedimentos da Lei 11.101/05, ou seja, o juiz do principal estabelecimento do devedor (art. 6º, §1º). A distribuição do pedido acarreta a imediata suspensão prevista no art. 3º do PL 1397 (ações, execuções, etc.)[193].

Não cabe resposta, manifestação ou qualquer tipo de averiguação ou perícia sobre o pedido de negociação preventiva (art. 7º)[194], salvo se

[192] Apesar de o texto legal ser confuso, a base de comparação parece ser a média do último trimestre do exercício anterior — na esmagadora maioria dos casos, porque o exercício social coincide com o ano civil, a média dos meses de outubro, novembro e dezembro de 2019. Assim, com boa vontade em relação ao texto do PL, imagina-se que o devedor deva apresentar um relatório contábil contendo o seu faturamento dos (30) trinta dias anteriores a data do ajuizamento da negociação preventiva, comparando-o com o faturamento médio verificado naqueles 3 (três) meses finais de 2019. Se o resultado for 30% (trinta por cento) menor ou menos, estará legitimado para propor a ação. Em caso contrário, o juiz extinguirá a ação, fazendo cessar a suspensão (art. 5º, I). Todavia, o razoável seria que a base de comparação fosse realizada em relação ao trimestre correspondente ao do exercício social anterior.

[193] Trata-se de autêntico *automatic stay*, diferentemente do *stay period* (período de proteção) da recuperação judicial (art. 6º, § 4º, da Lei 11.101/05), que depende da decisão que defere o seu processamento. Assim, em relação à negociação preventiva, o devedor fica protegido contra a ação dos credores imediatamente a partir do ajuizamento do pedido. Por outro lado, caso o juiz extinga o pedido em razão da falta de legitimação ativa (pelo fato de o devedor não ser agente econômico ou por não preencher o requisito da redução de ao menos 30% no faturamento), cessa a suspensão.

[194] Segundo o art. 4º, "Durante os períodos de que tratam as Seções I e II deste Capítulo, o devedor requerente poderá celebrar, independentemente de autorização judicial, contratos de financiamentos e operações de desconto de recebíveis com qualquer agente financiador, fundos de investimento, inclusive com seus credores, sócios ou sociedades do mesmo grupo econômico, para custear sua reestruturação e as despesas de reestruturação e de preservação do valor de ativos". "Parágrafo único. O crédito decorrente do financiamento e de operações de desconto fornecido entre 20 de março de 2020 e o término da vigência desta Lei será

houver equívoco do magistrado quanto à análise do filtro de legitimidade estabelecido (*i.e.*, redução igual ou superior a 30% do faturamento), hipótese em que é cabível pedido de reconsideração por parte de credor e/ou interessado.

As negociações ocorrem durante o período máximo de 90 dias[195] (art. 6º, II). Trata-se de período improrrogável. A forma de procurar os credores para negociação é livre. Não há qualquer formalidade seja para contatá-los, seja para negociar. Estabelece o PL, no entanto, que cabe ao devedor dar ciência aos credores, por qualquer meio idôneo e eficaz, sobre o início das negociações (art. 6º, III)[196].

Uma dúvida que remanesce é se é direito do credor ser procurado para negociar ou se o devedor pode impor o *stay* a todos, escolhendo apenas alguns credores estratégicos para transacionar. Apesar de ser desejável que o devedor, para além da simples comunicação do início das tratativas, procure a todos, o pragmatismo impõe constatar que, em muitos procedimentos, em especial naqueles em que se submetem centenas ou milhares de credores, o devedor irá procurar aqueles com créditos mais substanciais. Isso, evidentemente, torna a suspensão de medidas a todos os credores um tanto quanto excessiva.

O devedor deverá informar ao juiz os resultados das negociações, bem como apresentar relatório sobre os trabalhos desenvolvidos, no prazo máximo de 60 dias (art. 5º, IV). Caso o devedor empresário, por qualquer motivo, efetue pedido de prorrogação do prazo, o referido pedido será, automaticamente, autuado como pedido de recuperação judicial (art. 8º, §1º)[197]. Em caso de devedor não empresário, o pedido de

considerado não sujeito aos efeitos da recuperação extrajudicial ou judicial e, em caso de falência, será enquadrado no inciso V do art. 84 da Lei nº 11.101, de 9 de fevereiro de 2005" (redação conforme texto aprovado pela Câmara dos Deputados no dia 21 de maio de 2020).

195 Conforme texto aprovado pela Câmara dos Deputados no dia 21 de maio de 2020.

196 Não há qualquer óbice de que a ciência se dê por correspondência eletrônica (*e-mail*). A notificação serve para que os devedores se abstenham de promover as ações e praticar os atos vedados no art. 3º, bem como para que tenham ciência de que provavelmente serão procurados pelo devedor para negociar. Muito embora a participação dos credores nas sessões de negociação seja facultativa (art. 5º, IV), é direito seu ser devidamente informado.

197 Observado o seguinte: "Requerida a recuperação judicial (ou convertida a negociação preventiva em recuperação judicial) ou extrajudicial, na forma da Lei nº 11.101, de 9 de fevereiro de 2005, (...), em até 360 (trezentos e sessenta) dias do acordo firmado durante o período da suspensão legal ou da negociação preventiva, o credor terá reconstituído seus

prorrogação não deve ser aceito, sendo a negociação preventiva imediatamente extinta.

Decorrido o prazo máximo de 90 dias previsto no inciso II do art. 6º, com a apresentação do relatório pelo devedor, o juiz determinará o arquivamento dos autos (art. 6º, IV). Havendo pedido de recuperação extrajudicial ou judicial, o período de suspensão do art. 3º, *caput*, do PL (30 dias para a suspensão legal e 90 dias para a negociação preventiva), será deduzido do período de proteção (*stay period*) de 180 dias previsto no art. 6º, § 4º da Lei nº 11.101/05 (art. 8º) — disposição que se imagina surtirá pouco efeito pois, na prática, o Poder Judiciário já prorroga o *stay period* nos processos de recuperação judicial.

De uma maneira geral, iniciativas que ampliam as alternativas à disposição dos devedores em *distress* são bem-vindas, dadas as reduzidas opções que o sistema de insolvência brasileiro oferece. Quanto ao regime em si, como se trata de uma medida que garante ao devedor um *stay* automático de 90 dias sem qualquer contrapartida ou consequência em caso da não realização de acordos, imagina-se, caso aprovado o PL 1397 nestes termos, seja utilizada largamente apenas para a obtenção do período de proteção.

Ademais, na linha da observação nº 4 do Relatório do *Turnaround Management Association* — Brasil (TMA Brasil), entende-se que a judicialização da negociação — ainda que em caráter de procedimento voluntário — e a adoção de figuras (mediador) e procedimentos (requerimento e apresentação de relatório) desconhecidas burocratizará e gerará insegurança ao processo de negociação.

Isso tudo, evidentemente, sem contar os malefícios de uma suspensão generalizada, como referido no item 1.1, supra.

2. Recuperação judicial extraordinária para ME/EPP

O PL 2067 propõe um novo regime jurídico com técnica recuperatória pré-estabelecida para ME/EPP chamado "plano extraordinário" como contrapartida da não redução do quadro de funcionários. Em resumo, basta que o devedor se comprometa a não demitir nenhum funcionário

direitos e garantias nas condições originalmente contratadas, deduzidos os valores eventualmente pagos e ressalvados os atos validamente praticados" (art. 8°, §2º). Trata-se de espécie de "consolidação da novação", em contraposição a hipótese da sua reversão.

para que o juiz defira um parcelamento em 36 meses, atualizado pela SELIC, vencendo a primeira parcela 180 dias após o ajuizamento. Não há assembleia e, ainda que os credores apresentem objeção, o juiz concederá a recuperação.

O texto do PL inova ao criar um regime jurídico extraordinário de recuperação judicial para ME e EPP com um único e singelo meio de recuperação: parcelamento em 36 vezes. O regime é lacunoso e insuficiente, mas interessante em algum sentido.

Sem adentrar nas várias dúvidas decorrentes da parca regulação jurídica, o regime possui dois méritos: (*i*) privilegia a manutenção dos empregos; (*ii*) oferece, em troca, um parcelamento, ainda que curto, certo e acessível por simples peticionamento. Parece, em alguma medida, com a concordata preventiva do Decreto-lei 7.661/45, cujo principal defeito era ser um remédio limitado (pagamento de 40% da dívida à vista ou 60% no prazo máximo de dois anos). A limitação do plano extraordinário é compensada pelo fato de que haveria outros regimes jurídicos à disposição do devedor — recuperação judicial especial para ME/EPP, recuperação judicial ordinária e recuperação extrajudicial — caso entenda que é demasiadamente restrito ou, ainda, caso precise fazer adequações em seu quadro de funcionários.

3. Recuperação extrajudicial extraordinária

O PLS 2373 propõe um novo regime jurídico de recuperação extrajudicial chamado "recuperação extrajudicial extraordinária", consistente, em resumo, na obtenção de um *stay* pela adesão de ¼ dos credores, seguido de uma assembleia extrajudicial de credores, com negociação conduzida por um mediador indicado pelo juiz.

O texto do PLS: (*i*) sujeita os créditos trabalhistas aos efeitos do regime jurídico em questão (art. 7º, §2º); (*ii*) admite a obtenção do *stay* até a homologação do plano desde contenha a adesão de ¼ dos credores de cada espécie (art. 7º, §§1º e 3º); (*iii*) estabelece que o juiz designe mediador; (*iv*) que o mediador convocará assembleia extrajudicial de negociação coletiva (art. 7º, §4º); (*v*) que o quórum é de maioria simples (50% mais um) dos credores presentes, vinculando os ausentes (art. 7º, §§6º e 7º); (*vi*) que não obtido o quórum de aprovação, o devedor poderá aditar a inicial e convolar a recuperação extrajudicial extraordinária em recuperação judicial (art. 7º, §8º); (*vii*) que se não o fizer, o processo será extinto (art. 7º, §8º). O mesmo regime jurídico, com substancialmente as mesmas regras, está previsto no PLS 2409 (art. 6º).

O projeto em questão inova ao criar um regime jurídico extraordinário de recuperação extrajudicial. De uma maneira geral, iniciativas que ampliam as alternativas à disposição dos empresários em *distress* merecem aplauso, dadas as reduzidas opções que o sistema de insolvência brasileiro oferece. Quanto ao regime em si, a sujeição dos credores trabalhistas é polêmica, em razão da sua hipossuficiência e da natureza alimentar dos créditos laborais. Por outro lado, o *stay* em razão da obtenção de uma adesão mínima, assim como o quórum de aprovação reduzido, é ponto de destaque por tornar o regime atrativo. No mais, existe uma razoável chance de o regime não ser efetivo se o sucesso da recuperação extrajudicial extraordinária depender exclusivamente da atuação de um mediador nomeado pelo juiz.

4. Recuperação extrajudicial especial para ME/EPP

O PLS 2373 propõe um novo regime jurídico de recuperação extrajudicial especial para ME/EPP, consistente em uma moratória de 150 (cento e cinquenta) dias obtida mediante preenchimento de um formulário, combinada com um sistema de deságio tabelado para pagamento antecipado da dívida diferida.

O texto do PLS: (*i*) sujeita as obrigações cíveis e comerciais vencidas entre 20/03/2020 e 30/09/2020 (art. 10); (*ii*) por meio de formulário eletrônico encaminhado ao DREI (art. 10); (*iii*) a uma moratória (diferimento) de 150 (cento e cinquenta) dias[198] (art. 12); (*iii*) aplicável um deságio tabelado conforme a dívida seja paga antecipadamente (antes dos 150 dias de prazo) (art. 12); (*iv*) com incidência de multa de 20% (vinte por cento) em caso de não pagamento (art. 12, §2º); (*v*) a declaração será considerada título executivo extrajudicial (art. 13); (*vi*) regra geral, o diferimento e o deságio não beneficiam coobrigados e garantidores (art. 16).

[198] Devendo a dívida ser corrigida pelo INPC e acrescida de juros moratórios de 1% (um por cento) ao mês.

Tabela de deságio:

Entre 120 e a 150 dias do vencimento diferido	50%
Entre 90 e a 119 dias do vencimento diferido	40%
Entre 60 e a 89 dias do vencimento diferido	30%
Entre 30 e a 59 dias do vencimento diferido	20%
Entre 10 e a 29 dias do vencimento diferido	10%

O projeto ousa ao criar este regime jurídico de recuperação extrajudicial especial para ME/EPP. Como referido, anteriormente, de uma maneira geral, iniciativas que ampliam as alternativas à disposição dos empresários em *distress* são desejáveis, dadas as reduzidas opções que o sistema de insolvência brasileiro oferece. Quanto ao regime em si, parece um *discharge* parcial tabelado, pelo qual a pequena empresa se desobriga de parte do seu endividamento se conseguir pagá-lo antes do final da moratória de 150 (cento e cinquenta) dias. Se não dispuser de caixa para tanto, beneficiar-se-á apenas do diferimento, o que, em si, já é medida interessante para tentar contornar a crise.

CONCLUSÕES

> Words pay no debts, give her deeds; but she'll bereave
> you o' th' deeds too, if she call your activity in question.
> What, billing again? Here's 'In witness whereof the parties
> interchangeably.' Come in, come in; I'll go get a fire.
>
> — William Shakespeare, *The History of Troilus and Cressida*

Uma das causas que mais desgasta a legislação de insolvência é o advento de crises econômicas, motivo pelo qual os regramentos legislativos da matéria e, consequentemente, suas reformas, não são longevos nem buscam a perenidade. O Brasil é exemplo desse prognóstico: a história do nosso Direito é marcada por uma fragmentação legislativa, cuja razão de ser decorre, direta ou indiretamente, da tentativa de o legislador resolver crises de natureza eminentemente econômica sem buscar soluções sistêmicas coerentes e adequadas à realidade do País[199].

De certa forma, essa sistemática foi interrompida com a edição da Lei 11.101/05 que, a sua maneira, inspirada em práticas e *guidelines* internacionais, modernizou o aparato legislativo pátrio. O aniversário de 10 anos da lei, em 2015, iniciou um debate acerca da necessidade de reforma do sistema vigente. Organizaram-se estudos, formaram-se comissões;

[199] TELLECHEA, Rodrigo; SCALZILLI, João Pedro; SPINELLI, Luis Felipe. *História do direito falimentar*: da execução pessoal à preservação da empresa. São Paulo: Almedina, 2018.

entidades de classe se envolveram e projetos de lei foram rascunhados e encaminhados para análise legislativa.

Fato é que o processo legislativo brasileiro transformou o ímpeto modernizador dos especialistas — que, em linhas gerais, contribuía significativamente para a transformação do sistema vigente — na reforma dos consensos (que apesar de meritória, era insuficiente). As mudanças legislativas propostas enfrentariam apenas os gargalos unânimes (ou, talvez, não tão unânimes assim), sobre os quais nada ou pouco se poderia questionar; não é exagero dizer que realizar-se-ia a mudança do possível até que se tivesse nova oportunidade para reformar o todo — que, pela experiência, acaba não ocorrendo.

Nesse cenário, fomos surpreendidos pela pandemia do coronavírus, trazendo, também, novo — e justificado — ímpeto dos reformadores. A situação sanitária instaurou uma crise de natureza sistêmica, cujos efeitos desembocam, de uma maneira geral, em todos os elos da cadeia econômica, independentemente da sua envergadura.

Primeiro, instala-se a crise financeira, essencialmente de liquidez, de capital de giro, de caixa, que interrompe as cadeias de suprimento e gera um efeito cascata de inadimplência (credores e devedores trocam de posição no tabuleiro na medida em que os ponteiros do relógio avançam); segue-se a isso uma severa crise econômica, de efeitos devastadores, na medida em que a incerteza quanto ao momento da plena retomada das atividades empresariais é a única certeza da vez.

O equilíbrio da ordem espontânea do mercado desaba diante dos efeitos indefinidos da incerteza. Não há cálculo realista entre investimento e retorno. Assim como o sistema de preços não admite a monopolização da produção e da informação pelo Estado (como ocorreu nos países da cortina de ferro), a combinação entre incerteza e imprevisão é fatal para o empresário, que tem apetite ao risco, mas é avesso à imprevisibilidade permanente.

Nesse contexto, o Poder Judiciário vem sendo instado a atuar a fim de responder aos desafios enfrentados pelo direito concursal. E a resposta tem sido, em boa medida satisfatória e ponderada. Ainda, não se pode esquecer que a priorização da autocomposição das partes mediante o estabelecimento de projetos que buscam viabilizar a conciliação e a mediação neste momento de crise é extremamente louvável.

A crise atual parece dar outra roupagem a problemas pré-existentes, cujos contornos precisam ser imediatamente resolvidos. Clama-se para que o Poder Legislativo exerça seu papel constitucional e ofereça uma solução legislativa à altura da gravidade do problema.

Contudo, as mais variadas propostas legislativas parecem não endereçar adequadamente a maioria dos desafios impostos pela realidade. São inúmeras alterações e diversas delas são, de fato, pertinentes, como é caso da concessão de *stay period* na recuperação extrajudicial, a redução do quórum para homologação do plano, antecedida do requisito de legitimidade para adentrar no sistema em si, a possibilidade de ajustes em planos de recuperação judicial já homologados (e também os ainda não homologados), a limitação do exercício de certas posições contratuais durante a pandemia, e a elevação do valor mínimo para pedidos de falência por parte de credor.

A despeito desses possíveis acertos, os projetos de lei em trâmite no Congresso Nacional não resolvem os reais gargalos do nosso sistema de insolvência. Quando o fazem, ainda que forma lateral, tendem a trazer consequências deletérias para o sistema das empresas em crise. Nesse particular, não se pode olvidar que a LREF, nos moldes atuais ou após a reforma, não é o instrumento correto para a superação da crise de liquidez, ou mesmo da crise econômica em sentido mais amplo.

Como qualquer legislação, a LREF possui limitações intrínsecas quanto aos seus efeitos, devendo se ater à sua função de marco regulatório da insolvência, equilibrando interesses e fornecendo os incentivos corretos para os agentes econômicos envolvidos.

Dever-se-ia, por exemplo, endereçar diversas questões, tais como:

(a) Não há razão ou fundamento para suspensão legal irrestrita. Da mesma forma, os projetos de lei não estabelecem filtro de legitimidade ou restrição inicial à utilização dos benefícios legais pelos agentes econômicos[200] que tenham efetivamente sido impactados pela pandemia (à exceção da canhestra "tarifação da crise" pela queda de 30% do faturamento, prevista no art. 6º, §2º, do PL 1397 para a negociação preventiva — como se a crise

[200] Aqui remete-se à crítica já realizada acerca da equiparação de agente econômico às pessoas jurídicas de direito privado e ao tratamento desigual de produtor rural e profissional autônomo que exerça regularmente suas atividades.

fosse universal e irrestrita, quando se sabe que há setores da economia não afetados ou menos atingidos por ela). Se assim for, qualquer agente econômico, ainda que não impactado pela crise da Covid-19, poderá valer-se dos benefícios propostos (o que não é razoável, para dizer o mínimo);

(b) os projetos de lei não garantem a inexistência de sucessão de passivos em alienação de ativos na recuperação extrajudicial, mantendo a baixa aderência prática do regime em vigor;

(c) os projetos de lei (inclusive o PL 1397 aprovado pela Câmara dos Deputados no dia 21 de maio de 2020, nos arts. 4º, parágrafo único, e 12, §2º), não trazem segurança suficiente para a criação de um mercado de *dip financing*[201];

(d) ao ser prevista a liberação de garantias (recebíveis) como medida para reforçar o caixa dos devedores em dificuldade, impõe sacrifício excessivo aos credores, bem como não se esclarece qual a classificação de tais créditos em uma eventual falência (o PL 1397, cujo texto, conforme aprovado pela Câmara dos Deputados no dia 21 de maio de 2020, não conta mais com tal medida);

(e) deve-se, também, estimular que os próprios acionistas/sócios e administradores aportem novos recursos na sociedade, em qualquer momento no procedimento recuperatório, de forma a

[201] A nova redação dada ao art. 12 do PL 1397 (conforme texto aprovado aprovada pela Câmara dos Deputados no dia 21 de maio de 2020) tenta endereçar o problema do financiamento na recuperação judicial ao proteger o financiador DIP, cuja operação tenha sido autorizada judicialmente. Ocorre que a sugestão não resolve o problema. A um, porque cria solução de afogadilho, que simplifica questão complexa ao delegar para o Poder Judiciário decisão que deveria ser essencialmente dos agentes de mercado (*i.e.* financiador, devedor e credores), podendo vir a ser posteriormente homologada judicialmente, se houvesse comprometimento de garantia previamente outorgada a terceiro pela sociedade em recuperação. A dois, porque perde a oportunidade de estabelecer um regime de compartilhamento de garantias entre credores e financiadores, além de um sistema hígido de preferências para o recebimento do crédito dentro da própria recuperação judicial, no qual os financiadores, respeitados certos requisitos, estariam em posição de destaque. A três, porque limita o caráter de financiamento dos aportes feitos pelos sócios e sociedades do mesmo grupo às Seções I e II do Sistema de Prevenção à Insolvência. A quatro, porque, ao proteger apenas o financiador DIP, olvida-se que todo parceiro comercial que dá crédito à recuperanda (inclusive na forma de concessão de prazo para pagamento nas compras de mercadorias e serviços) também mereceria proteção da lei.

aumentar seu comprometimento com a recuperação das atividades da empresa (*skin in the game*). De um lado, pode-se estabelecer um regime provisório de preferência no recebimento dos valores investidos após 20 de março de 2020, numa espécie de estímulo ao financiamento interno da empresa em crise (*internal dip financing*) — o que, ainda que de forma insuficiente, tentou fazer o PL 1397, de acordo com o texto aprovado pela Câmara dos Deputados no dia 21 de maio de 2020 (art. 4°, *caput*) — aliado a elevação na carga dos deveres fiduciários de tais financiadores para evitar fraudes e oportunismos (diante da posição privilegiada de tais sujeitos detêm, inclusive em termos de informações financeiras, em face dos demais *stakeholders*);

(f) ao expressamente derrubar garantias, alguns projetos de lei (inclusive o PL 1397 aprovado Câmara dos Deputados no dia 21 de maio de 2020, embora com alcance limitado), alteram o sistema de garantias vigente no país, sob o argumento de dar liquidez aos devedores, instaurando, na verdade, mais incerteza no setor creditício do que resolvendo os problemas dos devedores propriamente ditos[202];

(g) os projetos de lei não preveem a assunção por parte dos sócios e administradores, como condição para que o a devedora ingresse no regime de crise, de qualquer obrigação de diligência e lealdade e que representaria, uma contrapartida resultante da repartição dos danos causados (*associazione pel riparto dei danni*), da qual participam, em menor ou maior grau, toda a sociedade;

(h) as mudanças para ME e EPP empresas são insuficientes (ou, no mínimo, poderiam ter sido mais ousadas);

É inegável que há boas soluções para a mitigação dos efeitos da crise causada pela Covid-19 nos projetos de lei em trâmite no Congresso

[202] Lembre-se, nesse particular, que a suspensão da execução de garantias pessoais que está sendo proposta difere do que ocorre em outras jurisdições que a permitem: por exemplo, nos EUA, a liberação de garantias (*third-party release*) exige que assim conste do plano de recuperação e que seja essencial à sua formulação e implementação, que exista efetivo benefício do devedor principal, que a liberação seja justa, razoável e equitativa e que seja no melhor interesse do devedor principal

Nacional. Algumas poderiam, inclusive, passar a integrar a LREF — como ocorre, por exemplo, com a previsão de *stay period* na recuperação extrajudicial e redução do quórum para aprovação do plano especial para empresas ME e EPP.

Estudos mostram que (*i*) a existência de regras do jogo bem-definidas, (*ii*) o respeito à segurança jurídica e (*iii*) a construção de um arcabouço institucional estruturado são determinantes para o desenvolvimento nacional[203]. Por outro lado, por mais grave que seja a crise da Covid-19, a expectativa de que regras de cunho emergencial e temporário tenham o condão de alterar as premissas do atual sistema de insolvência — ou pior, resolver a crise econômica — é, no mínimo, ingênua.

Como já foi dito, existe um mito sobre a eficácia dos regimes jurídicos da LREF. Em tempos da pandemia, o problema se acirra. Medidas legais possuem limitações intrínsecas. Determinados efeitos de caráter mais geral para salvar empresas só serão alcançados com políticas fiscais e econômicas. Espera-se, ao fim e ao cabo, que o legislador não deposite no sistema de insolvência uma expectativa desmedida. A partir dessa perspectiva, espera-se contribuir com o debate em torno das reformas emergenciais da LREF. Essa é a oferta.

[203] Acemoglu, Daron; Robinson, James. *Por que as nações fracassam*. Trad. Cristiana Serra. Rio de Janeiro: Elsevier, 2012, p. 289.

REFERÊNCIAS

ABRÃO, Nelson. *A continuação do negócio na falência*. Tese (Livre-Docência em Direito). Faculdade de Direito da Universidade de São Paulo, São Paulo, 1975.

ACEMOGLU, Daron; ROBINSON, James. *Por que as nações fracassam*. Trad. Cristiana Serra. Rio de Janeiro: Elsevier, 2012.

AKERLOF, George A.; SHILLER, Robert J. *O espírito animal:* como a psicologia humana impulsiona a economia e a sua importância para o capitalismo global. Rio de Janeiro: Elsevier, 2009.

ALVARO DE OLIVEIRA, Carlos Alberto. *Do formalismo no processo civil*. 4 ed. São Paulo: Saraiva, 2010.

BAIRD, Douglas G. *The elements of bankruptcy*. New York: The Foundation Press Inc., 1992.

BATTISTON, Stefano; CALDARELLI, Guido; MAY, Robert M.; ROUKNY, Tarik; STIGLITZ, Joseph E. The Price of Complexity in Financial Networks. *Columbia Business School Research Paper* No. 15-49.

BEDAQUE, José Roberto dos Santos. *Direito e processo* — Influência do direito material sobre o processo. 6 ed. São Paulo: Malheiros, 2011.

BOCCACCIO, Giovanni. *Decameron*. Porto Alegre: LP&M, 2013.

CAVALLI, Cássio. *Pandemia e insolvência: propostas concretas para o enfrentamento da crise — renda mínima e liberação de dívidas*. Disponível em: <https://www.cassiocavalli.com.br/pandemia-e-insolvencia-i-medidas-concretas-para-o-enfrentamento-da-crise-renda-minima-e-liberacao-de-dividas/>. Acesso em: 04 de maio de 2020.

CORREIA, Sergio; LUCK, Stephan; VERNER, Emil. *Pandemics depress the economy, public health interventions do not: evidence from the 1918 Flu* (March

30, 2020). Disponível em: <https://ssrn.com/abstract=3561560>. Acesso em: 04 de maio de 2020.

Costa, Daniel Carnio. O novo método da gestão democrática de processos de insolvência. In: Cerezetti, Sheila C. Neder; Maffioletti, Emanuelle Urbano (coord.). *Dez anos da Lei nº 11.101/2005:* estudos sobre a Lei de Recuperação e Falência. São Paulo: Almedina, 2015.

Diamond, Jared. *Armas, germes e aço.* Os destinos das sociedades humanas. 19 ed. Rio de Janeiro: Record, 2017.

Dinamarco, Cândido Rangel. *A instrumentalidade do processo.* 14 ed. São Paulo: Malheiros, 2009.

Duesenberry, James S. *Business cycles and economic growth.* New York, Toronto and London: McGraw-Hill Book Company, 1958.

Eichengreen, Barry. *Crises financeiras.* Rio de Janeiro: Campos, 2003.

Estey, James Arthur. *Business cycles:* their nature, cause, and control. New York: Prentice-Hall, 1942.

Fremantle, Richard. *God and money:* Florence and Medici in the Renaissance. Firenze: Leo S. Olschki, 2008.

Galbraith, John Kenneth. *A crise econômica de 1929:* anatomia de uma catástrofe financeira. Lisboa: Universidade Moderna, 1954.

Hamberg, D. *Business cycles.* New York: The Macmilan Company, 1951.

Hansen, Alvin H. *Business cycles and national income.* New York: W. W. Norton & Company, 1951.

Hayek, F. A. *A pretensão do conhecimento.* Trad. Leandro Augusto Gomes Roque. São Paulo: LVM, 2019.

Hayek, F. A. *Desemprego e política monetária.* Rio de Janeiro: José Olympio. Instituto Liberal, 1979.

Japur, José Paulo Dorneles; Marques, Rafael Brizola. *Revisitando as funções do administrador judicial durante a pandemia do COVID-19.* Disponível em: https://www.migalhas.com.br/depeso/324861/revisitando-as-funcoes-do-administrador-judicial-durante-a-pandemia-do-covid-19. Acesso em: 05 de maio de 2020.

Jedwab, Remi; Noel, Johnson D.; Koyama, Mark. *Pandemics, places, and populations:* evidence from the Black Death. GMU Working Paper in Economics No. 19-04. Disponível em: https://ssrn.com/abstract=3331972. Acesso em: 05 de maio de 2020.

Kindleberger, Charlie P.; Aliber, Roberto Z. *Manias, pânicos e crises:* a história das catástrofes econômicas mundiais. São Paulo: Saraiva, 2013.

MARICHAL, Carlos. *A nova história das grandes crises financeiras:* uma perspectiva global — 1873-2008. Rio de Janeiro: FGV Editora, 2016.

MAXIMILIANO, Carlos. *Hermenêutica e aplicação do direito.* 19 ed. Rio de Janeiro: Forense, 2009.

MITCHELL, Wesley Clair. *Os ciclos econômicos e suas causas.* São Paulo: Nova Cultural, 1988.

PUGLIESI, Adriana Valéria. *Direito falimentar e preservação da empresa.* São Paulo: Quartier Latin, 2013.

ROGOFF, Kenneth S.; REINHART, Carmen M. *Oito séculos de delírios financeiros:* dessa vez é diferente. Rio de Janeiro: Elsevier, 2010.

ROTHBARD, Murray N. *A grande depressão americana.* Trad. Pedro Sette-Câmara. São Paulo: Mises Brasil, 2012.

ROUKNY, Tarik; BATTISTON, Stefano; STIGLITZ, Joseph E. Interconnectedness as a Source of Uncertainty in Systemic Risk. *Columbia Business School Research Paper* No. 16-14.

SALOMÃO NETO, Eduardo. *Direito bancário.* São Paulo: Atlas, 2011.

SCALZILLI, João Pedro; TELLECHEA, Rodrigo; SPINELLI, Luis Felipe. *Introdução ao direito empresarial.* Porto Alegre, Buqui, 2020.

SCALZILLI, João Pedro; SPINELLI, Luis Felipe; TELLECHEA, Rodrigo. *Recuperação de empresas e falência:* teoria e prática na Lei 11.101/2005. São Paulo: Almedina, 2018.

SCHUMPETER, Joseph A. *Business Cycles:* a theoretical, historical and statistical analysis of the capitalist process. Philadelphia: Porcupine Press, 1964.

SCHUMPETER, Joseph. *Capitalism, socialism, and democracy.* London: Routledge, 2006.

SCHWARCZ, Steven. Systemic risk. *Duke Law School Legal Studies Paper* No. 1, 2008; *Georgetown Law Journal*, v. 97, n. 1, 2008.

SHILLER, Robert J. *Irrational exuberance.* 2 ed. New York: Broadway Books, 2005.

SORKIN, Andrew Ross. *Too big to fail: the inside story of how Wall Street and Washington fought to save the financial system — and themselves.* New York: Penguin, 2010.

SOWEL, Thomas. *Economia básica.* Vol. I. 5 ed. São Paulo: Alta books, 2018.

SPINELLI, Luis Felipe; TELLECHEA, Rodrigo; SCALZILLI, João Pedro. *Recuperação extrajudicial de empresas.* São Paulo: Quartier Latin, 2013.

TALEB, Nassim Nicholas. *A lógica do cisne negro: o impacto do altamente improvável.* 16 ed. Rio de Janeiro: Editora Best Business, 2007.

TELLECHEA, Rodrigo; SCALZILLI, João Pedro; SPINELLI, Luis Felipe. *História do direito falimentar:* da execução pessoal à preservação da empresa. São Paulo: Almedina, 2018.

TOLEDO, Paulo Fernando Campos Salles de. *A preservação da empresa, mesmo na falência.* In: DE LUCCA, Newton; DOMINGUES, Alessandra de Azevedo (coord.). Direito recuperacional: aspectos teóricos e práticos. São Paulo: Quartier Latin, 2009.

UJVARI, Stefan Cunha. *História da humanidade contada pelos vírus, bactérias, parasitas e outros microrganismos.* São Paulo: Editora Contexto, 2012.

UJVARI, Stefan Cunha. *História e suas epidemias.* Rio de Janeiro: SENAC Rio, SENAC São Paulo, 2003.

VERÇOSA, Haraldo Malheiros Duclerc. Das pessoas sujeitas e não sujeitas aos regimes de recuperação de empresas e ao de falência. In: PAIVA, Luiz Fernando Valente de (coord.). *Direito falimentar e a nova Lei de Falências e Recuperação de Empresas.* São Paulo: Quartier Latin, 2005.

VON MISES, Ludwig. *A ação humana.* Trad. Donald Stewart Jr. 31 ed. São Paulo: Mises Brasil, 2010.

VON MISES, Ludwig. *Intervencionismo.* Trad. Donald Stewart Jr. São Paulo: LVM, 2017.

VON MISES, Ludwig. *Lucros e perdas.* Trad. Claudio A. Téllez-Zepeda. São Paulo: LVM, 2017.

WAISBERG, Ivo; SACRAMONE, Marcelo Barbosa; NUNES, Marcelo Guedes; SCARDOA; Renato. *O processo de insolvência e o tratamento das microempresas e empresas de pequeno porte em crise no Brasil.* Disponível em: <ssrn.com/abstract=3601893>. Acesso em: 05 de maio de 2020.

WESTBROOK, Lawrence. *The Role of Chapter 11 Bankruptcy in Addressing the Consequences of COVID19.* Credit Slips. Disponível em: <https://www.creditslips.org/creditslips/2020/04/the-role-of-chapter-11-bankruptcy-in-addressing-the-consequences-of-covid19.html>. Acesso em: 18 de maio de 2020.

ZANINI, Carlos Klein. Capítulo V: Da falência. In: SOUZA JUNIOR, Francisco Satiro de; PITOMBO, Antônio Sérgio A. de Moraes (coord.). *Comentários à Lei de Recuperação de Empresas e Falência.* 2 ed. rev., atual. e ampl. São Paulo: Revista dos Tribunais, 2007.